「古代史」封印された謎を解く

あまりに意外な「あの人物・あの事件」の真相とは?

関 裕二【著】*Seki Yuji*

PHP研究所

はじめに

「勉強して、なんの役に立つの？」

と、子供のころはよく思ったものだ。歴史の授業で年号を暗記させられ、往生《おうじょう》した記憶が蘇《よみがえ》るだろう。

ところが、いざ社会に出てみると、

「ああ、あのころ、もっと勉強しておけばよかった……」

と、かならず後悔するときが来るのだ。

だが、それでいいと思う。勉強したいと思わないかぎり、本当の知識など、身につくはずがないからだ。

たとえば、今さら意味のない年号を覚えようとは思わないはずだ。そうではなく、なんで歴史を勉強したくなったかといえば、

「なぜ今、われわれはここにいるのか、われわれはこれからどちらに向いて歩いていけばいいのか」

を知りたくなったからにほかなるまい。そしてその指針が歴史の中に隠されていたことにようやく気づいた、ということではないだろうか。

たとえばあなたが、突然中国（韓国でもいい）への出張を上司から命令されて、現地の人びとと商談をまとめなければならなくなったと仮定してみよう。彼らは手強《てごわ》い相手で、過去の日本の侵略問題をとりあげては、交渉を優位に進めようとしているという情報が入った……。あなたは、この難問に、どう対処しようとするのか。

もちろん、こういうときこそ、歴史認識のレベルが、勝敗を大きく左右するのだ。そうでなくても、今日本は、異端児《いたんじ》扱いを受けるか受けないかの瀬戸際に立たされている。せっかく誇るべき文化と歴史を持っているわれわれが、誤解されたまま朽ち果てていくのは口惜《くや》しいではないか。子供たちが世界中から石飛礫《つぶて》を投げられ、蔑視されていくのを見過ごすわけにはいかないのだ。

どうかひとつ、日本の成り立ち、われわれの正体を、一日も早く学び取っていただき、自分の口で世界の人びとに説明できるようになっていただきたい。そんな願いを込めて、日本史の基礎の基礎である古代史を、誰にでもわかるようにまとめてみた。

歴史を学ぶコツは、たったひとつ。「本に書いてあるから、偉い先生が書いているから信用する」のではなく、真実はどこにあるのか、脳みそをフル回転させて判断し、自分なりの歴史観を築くことなのだ。

この本を読み終えたら、「私はこう思う!!」と、胸を張れること請け合い!!

「古代史」封印された謎を解く ―― 目次

第一章　天皇ってなに、神道ってなに

第二章　邪馬台国の謎はすでに解き明かされている？

第三章　鏡に映した聖徳太子と蘇我入鹿

第四章　古代最大の争乱・壬申の乱の謎

第五章　日本人を不幸にさせる藤原という名家

装丁◆赤谷直宣
装画◆垂井ひろし

第一章　天皇ってなに、神道ってなに

1

猿まね日本人？と謎だらけの天皇の不思議な関係

◆日本には独自の文化がないというのは本当か

古来、日本には独自の文化などなかった、と考える日本人が少なからずいる。

「どれもこれも猿まねに過ぎなかった!!」

と、なぜかちょっと、憤ったような顔で言うのだ。

たしかに、思い当たる節がないわけではない。太古からこの方、日本では、海の外の先進文化を積極的に取り込んできたからだ。

だが、それを単純に「猿まね」と決めつけられるかというと、ちょっと違うような気がする。日本人は、伝来した先進文化の本質を呑みこむと、日本の風土に合わせて改良していった。そして中世戦国時代の種子島《たねがしま》銃《じゅう》（火縄銃《ひなわじゅう》）の例をみれば分かるとおり、「made in Japan」は、たいがいの場合、原形を凌駕《りょうが》してしまった。だから、これはもう立派な独自性といっても差しつかえないだろう。

弥生時代の日本でも、すでに外来品を自己流にアレンジしていくという日本人の個性は

加茂岩倉遺跡（島根県雲南市）から発掘された銅鐸の入れ子

発揮されていた。

たとえば、朝鮮半島から青銅製の銅鐸《どうたく》（銅の鈴）がもたらされるが、最初鳴らすための「日用品（カウベルをイメージすると分かりやすい）」であったのに、日本ではどんどん巨大化し（無意味なほどの大きさ）、置いて祀《まつ》るための呪具《じゅぐ》に化けていったのだった。手のひらに乗る鈴が、高さ一メートルを超える化け物銅鐸へと勝手に進化していってしまったのだ。朝鮮半島の人たちがもしこれを見たら、あまりの大きさに腰を抜かすか笑い転げたろう。

「だけど、真似は真似でしょう」

と食い下がる?

いやいやどうしてどうして、日本人

を卑下する必要はどこにもない。逆に、他文化のすばらしさに目をつむり、「自国の文物が一番」という頑迷《がんめい》さを持ってしまうことこそ見苦しい姿ではないか。

だから、他の文化の先進性を「認めて尊敬する」ということも美徳だし、その「いいところ」を取り込んで、さらに進化させるというのも、日本人の優れた「知恵」でもあるはずではないか。

◆なぜ中国の易姓革命《えきせいかくめい》を導入しなかったのか

なんでも貪欲《どんよく》に「あちら側の文化」を取り込んでしまうのが日本人の性癖らしい。ところが逆に、便利な道具や方法なのに、どうしてもなじめずに、見向きもされなかったものがいくつかあった。そのひとつが、「易姓革命」である。

中国では、王家の交替を「易姓革命」と呼び習わし、政権交替を「当然のこと」と考えていた。当然どころか、前の王家の腐敗をただすために、天命によって新王家が立ち上がったのだといって胸を張るわけである。

ところが日本は、この発想をとらず、むしろ正反対のことをやっている。八世紀に編纂《へんさん》された朝廷の正史（正式見解）は、「天皇家に断絶はない。王家の交替はなかった」と言い張っているからだ。

このことから、二つのことが考えられる。ひとつは、ヤマト建国来、本当に王朝交替は起きていなかった可能性だ。そしてもうひとつ考えられることは、王朝交替は何回も起きていたのに、八世紀の朝廷が、それを認めたくなかった、ということである。

では、どちらが真相に近いのだろう。

戦後の史学界は、『日本書紀《にほんしょき》』の語る「天皇家は永続した」という話は「絵空事《えそらごと》」と切り捨てているから、後者を採るのだろう。だがそうであるならばなおさらのこと、なぜ『日本書紀』は「易姓革命」という「便利グッズ」を活用しなかったのだろう。

たとえば、初代神武《じんむ》天皇が東征を果たしヤマト入りに成功したというのは、れっきとした王朝交替の物語なのだが、ここでも『日本書紀』は易姓革命の論理を当てはめようとはしなかった。これはとても不可解なことなのだ。

このとき、すでにヤマトにはいずこからともなく饒速日命《にぎはやひのみこと》なる人物が降臨《こうりん》していて、ヤマトを統治していたというのだが、饒速日命に「悪」のイメージはなく、神武を気遣い、心配していたといい、無条件で王権を禅譲《ぜんじょう》したと記している。

じつは、ここに、謎に満ちた「天皇」の本当の問題が隠されている。

2

発足以来権力を持たない不思議な王権

◆日本的な、じつに日本的な天皇という王家

初代神武《じんむ》天皇は実在しなかったというのが今日の常識となっているが、そのいっぽうで、「神武東征説話《とうせいせつわ》」のインパクトが強いからだろうか、天皇家は発足当時、「強い王家」だったというイメージがどこかにある。

また戦後の史学界を震撼《しんかん》させた江上波夫氏の「騎馬民族征服王朝説」によって、「何者かによってヤマトは征服された」という発想が、われわれの脳裡に強烈に焼き付けられてしまったようなところがある。事実、ヤマト建国を考える場合、誰がいつ、朝鮮半島から渡来し、征服したのかという問いかけが、これまでの漠然とした古代史論争の根底に横たわっていた。

だが、日本の歴史はそれほど単純ではない。『日本書紀《にほんしょき》』の神武東征説話にしても、戦前の教科書が勇ましい神武天皇の挿絵を掲げたものだから「征服劇」と誰もが信じて疑わないが、よくよく『日本書紀』を読み返してみると、神武が武力でヤマトを圧倒したわけ

ではなかったことがはっきりとしてくる。たとえば大阪湾からヤマト盆地入りを企《くわだ》てた神武一行は、ヤマトの土着勢力（しかもその中の一勢力に過ぎなかった）の激しい抵抗をうけ、すごすごと逃げ帰っている。

ではどうやって神武はヤマトの王権を手に入れたかというと、呪術《じゅじゅつ》とヤマトの先住の王家の恭順、そして禅譲があったからなのである。

だいたい、もし仮に神武が九州からヤマトに乗り込み武力制圧していたのなら、ヤマトは敵のまっただ中であり、ここに「城」を築くのが自然だった。ところが歴代天皇は、防衛本能が欠如したかのような宮に住み続けている。これはヤマトの王が「征服王朝」ではなかったことを雄弁に物語っている。

このように、少なくともヤマト発足当初の王家（天皇家）は、あいまいで脆弱《ぜいじゃく》だった可能性は高いのである。

◆強い皇帝弱い天皇

ところで、考古学の進展によって、このような「ヤマト黎明《れいめい》期の弱い王」という仮説は、すでに証明されてしまっている。

奈良県桜井市の纒向《まきむく》遺跡の発掘調査によって、三世紀後半のヤマト建国は、独裁者の武力によって行われたわけではなかったことがはっきりとしてきたからだ（詳細は後に述べる）。ヤマトの王は、ゆるやかな連合体を維持するための、調整役に過ぎなかったのである。この「弱いヤマトの王」という伝統は、六世紀～八世紀に整えられる「法制度」にも影響を与えたようだ。

六世紀の日本は、旧態依然とした社会システムによって疲弊《ひへい》し、改革事業の必要性に迫られていた。そこで注目されたのが、中国の隋《ずい》や唐《とう》で完成しつつあった律令《りつりょう》（明文法。簡単にいってしまえば、律令とは、文章に書いた法律のこと）制度で、七世紀に聖徳太子《しょうとくたいし》が導入を目論《もくろ》み、八世紀にようやく完成した。

ただ、できあがってみると、中国の律令と日本の律令は、似て非なるものとなってしまった。中国のそれは、皇帝の独裁権力を認めた中央集権国家の法制度であったのに対し、日本の律令は、天皇から権力を剥奪し、政務は豪族の合議機関である太政官《だいじょうかん》（今風にいえば「内閣」ということになろうか）に委《ゆだ》ねられていた。この編み直された法制度の手法があまりにも日本の政治風土にあっていたのだろう。律令制度は原則的には、近代の扉が開かれる（明治維新）まで、日本の法の基本であり続けた。

このように、日本人は王に絶大な権力を与えようとはしなかったのだ。だから中国の権力を持った「皇帝」という存在を真似することもなかったわけである。

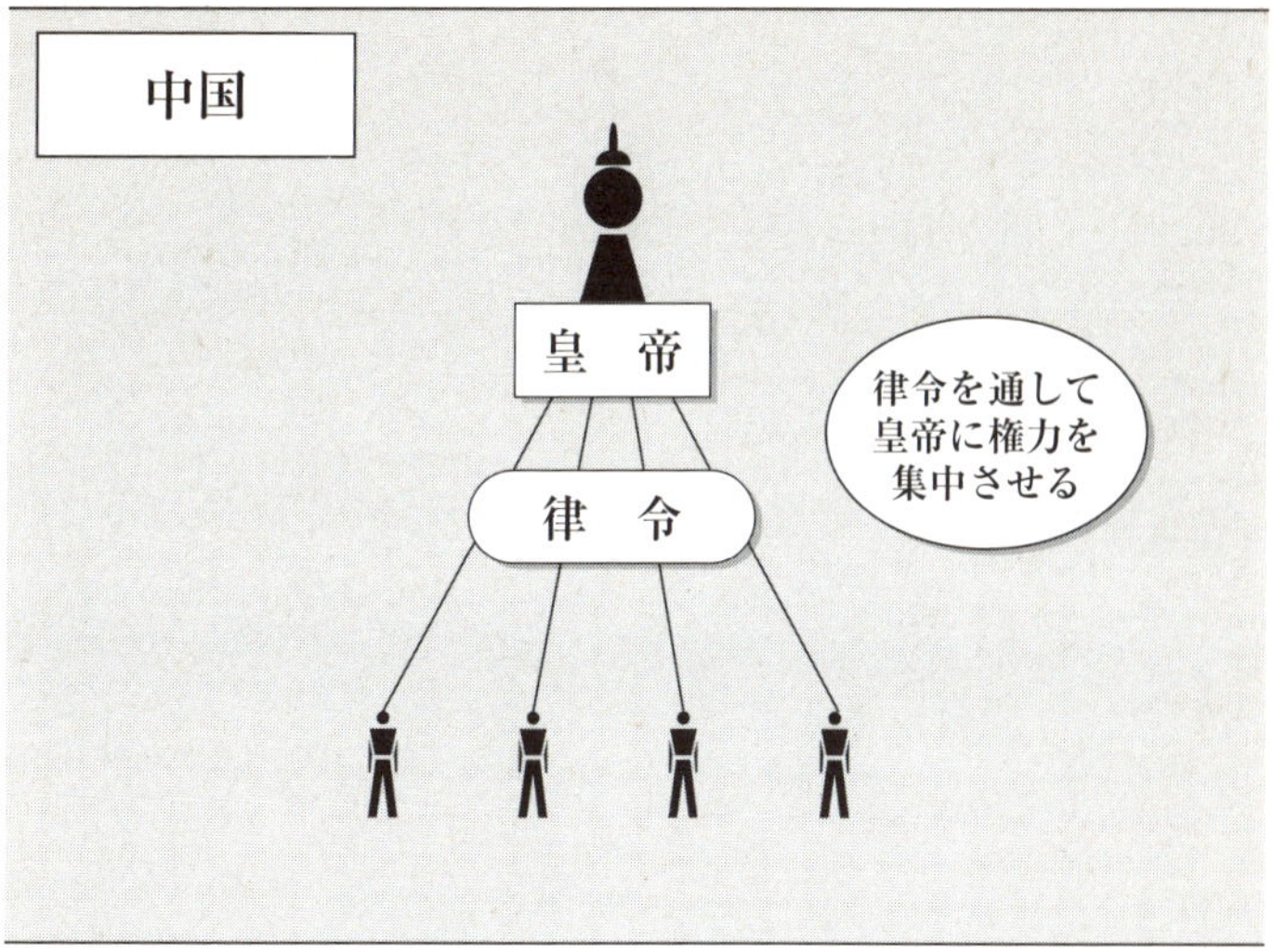
中国
皇　帝
律　令
律令を通して
皇帝に権力を
集中させる

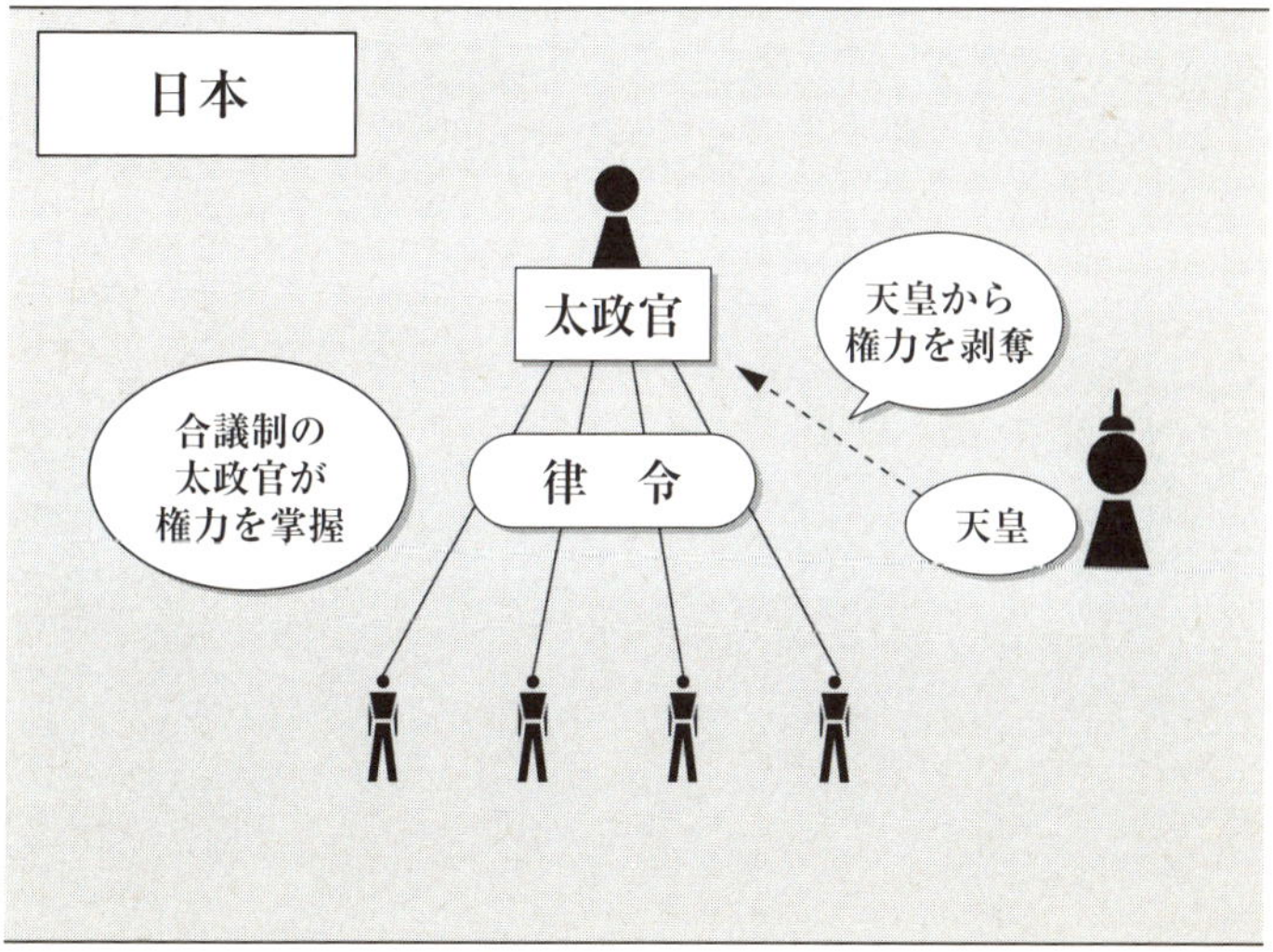
日本
太政官
律　令
天皇から
権力を剥奪
合議制の
太政官が
権力を掌握
天皇

3

武士を震え上がらせた天皇の底力

◆なぜ屈強の武士軍団が天皇を恐れたのか

すでに触れたように、天皇の不思議は、防衛本能が欠如したかのような城壁のない宮に住んだことにある（現在の皇居は、ご存知のようにもともとは徳川幕府の江戸城だった）。中国の王城は城壁を張り巡らせていたから（こちらが常識的）、日本は根本から発想が異なっていたようなのだ。

なぜ天皇は丸裸だったのだろう。そして、独自の武力をもたず、「弱い」のに、どうしたわけか「恐い人」と考えられていたから不可解きわまりないのだ。

たとえば、屈強の中世武士団も、もしひとたび「錦《にしき》の御旗《みはた》（天皇が背後にいることを知らせる印。官軍である証）」が掲げられれば、青ざめて退却したものだ。いくら武力で圧倒していたとしても、天皇の威の前には、みなひれ伏したのだ。

承久《じょうきゅう》三年（一二二一）、鎌倉幕府と朝廷の対立は北条義時《よしとき》と泰時《やすとき》の勝利に終わったが、この時錦の御旗があがったら、十九万の大軍は、その場で降参するつもりでいた。だが幸い、旗は持ち出されなかった。このことで、鎌倉幕府は勝利を収めたのだった。

近代の入口でも、「天皇の権威」は衰えていなかった。慶応《けいおう》四年（一八六八）の鳥羽伏見《とばふしみ》の戦いで、江戸幕府軍の敗北を決定的にしたのも、この「錦の御旗」だったことは、つとに名高い。

なぜ「弱い天皇」なのに恐ろしいのだろう。

「赤児のように弱い天皇」だからこそ、誰も手を出せなかったのだ、という考えがあって、意外に根強い支持を受けていたりする。

だがこれは、「武器を持っていなければ誰も攻めてこない」という、戦後日本でのみ通用した幻想が生み出した大いなる誤解なのだ。その証拠に、歴史上臣下に殺された皇族など、数え上げたらきりがない。

邪魔になった皇族は、権力者の手で、幾度か抹殺されていたのである。問題は、なぜそれでも、玉座は守られたのか、「弱い天皇」というシステムは壊されなかったのか、ということではないだろうか。

◆被差別民が天皇を守ったのか？

では、弱いのに恐ろしくて、それでいてときにいじめられ、それでもしぶとく生き残った天皇家とはいったい何者なのだろう。

いくら王家の永続は幻想だといい、何回も王家は入れ替わったといっても、五世紀末〜六世紀初頭の継体《けいたい》天皇の出現後、王家は入れ替わっていないというのが通説の解釈である。私見は、このような考え方を採っていない。三世紀後半以後、天皇家は婿養子組も含めて、つながっていると考えている。百歩譲って通説に従ったとしても、日本の王家は千数百年の命脈を保っているわけで、世界でも稀な長寿を誇っているわけである。

中世史家の網野善彦氏は、奇想天外な考えを打ち出して、天皇の永続性の謎にひとつの仮説を用意した。世間をあっと言わせた説だからご存知の方も多いはずだ。それが『無縁・公界・楽』(平凡社)で、社会の最下層に位置する被差別民や非農耕民たちが王家を守り抜いたのではないか、というのである。

なぜ支配者である天皇を、対極の者たちが守ったというのだろう。

このことを理解するためには、律令《りつりょう》制度の基本を押さえておく必要がある。というのも、この法制度は、「土地を公平に分配し、確実に税を取り立てる」というシステムでもあったからだ。つまり律令は、被支配者が土地に定住する農耕民であることを前提とし、これを「良民《りょうみん》」と呼んだ。

ところが、私的隷属を嫌い、定住を拒んだ人びとが当然現れてくる。律令社会と縁を切

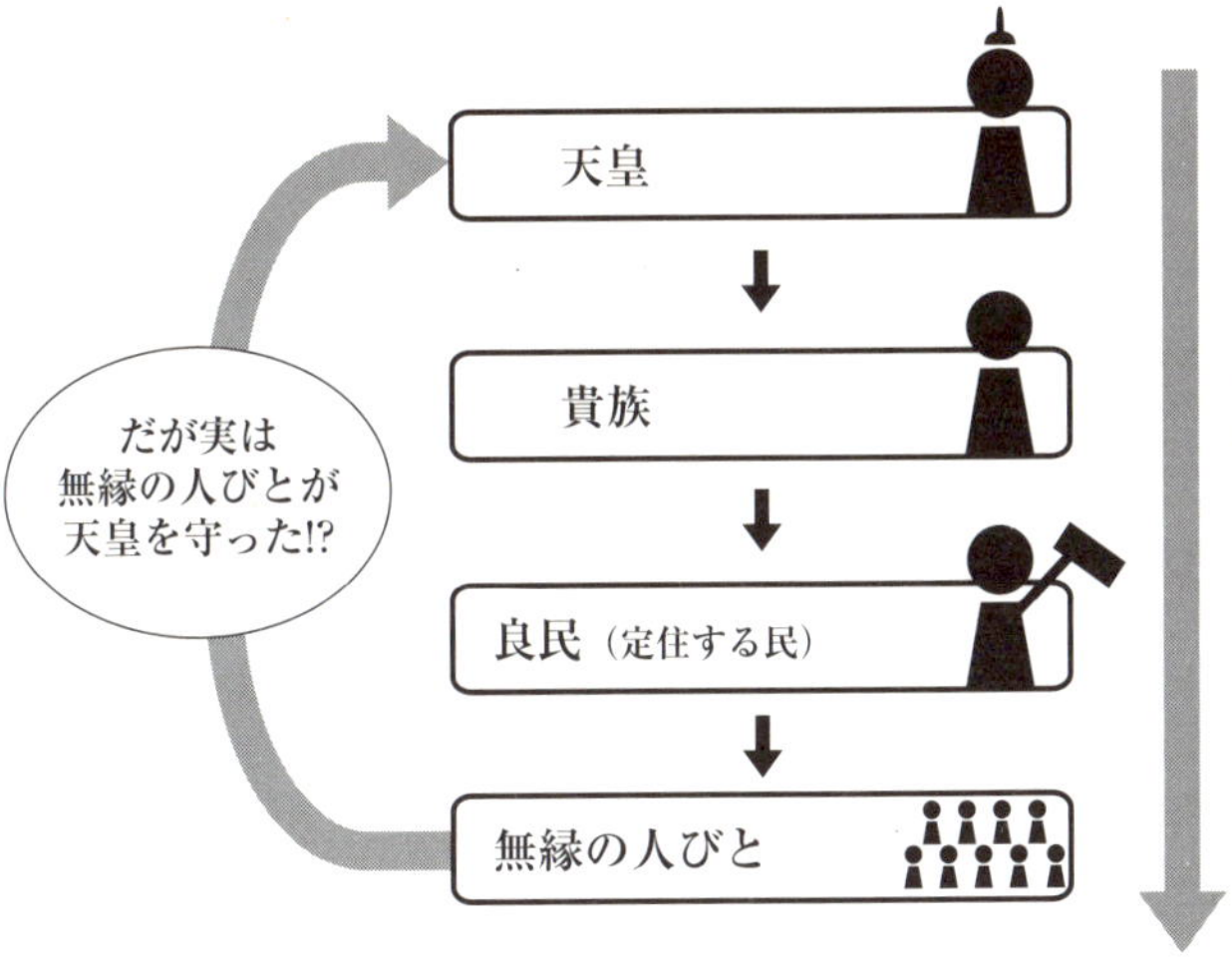

った「無縁の人びと」だ。それが芸能民《げいのうみん》、勧《かん》進聖《じんひじり》、遊女《あそびめ》、鋳物師《いもじ》、木地師《きじし》、薬売《くすりう》りといった商工民や職人で、これら非農耕民は定住せず遍歴したので、朝廷にしてみれば、一定の税を課すことがむずかしく、厄介な存在なのだった。だから彼らを律令の枠からはみ出したものとみなし、差別していったのである。

問題は、「無縁の人びと」が供御人《くごにん》の流れを汲み、古くは神や天皇に仕えていたものとされていたこと、しかも通行の自由、税・諸役の免除、私的隷属からの解放という特権を、「天皇」から引き出していたことだ。そこで網野氏は、無縁の人びとが天皇を利用し、また守ったのだろうと考えたわけである。

4

なぜ天皇家は永続したのか

◆天皇は政治的に守られたのか

網野善彦氏の「裏社会が天皇を守った」という発想が、すんなり史学界に受け入れられたわけではない。

たとえば、今谷明氏は、『室町の王権』（中公新書）のなかで、天皇は極めて「政治的存在」なのだから、「なぜ天皇は永続したのか」を、網野氏のように「非農耕民」という図式や、その他の文化人類学的手法を駆使しても解き明かすことはできない、と指摘している。

ではどうすればいいのかというと、今谷氏は、天皇家最大の危機となった室町幕府三代将軍・足利義満《あしかがよしみつ》の王権簒奪《さんだつ》計画を取りあげ、なぜ天皇家はこの時潰されなかったのか、政治的な要因をもちいれば、説明が可能だとしたのである。

足利義満は尊氏《たかうじ》の孫に当たり、巧みな政治手腕によって、絶大な権力を手に入れたのだった。南北に分裂していた朝廷をひとつにまとめ上げると、太政大臣《だいじょうだいじん》に登り、将軍職を子に譲って後は、法皇《ほうおう》を自称し弟を「親王《しんのう》（天皇の子の意味）」扱いしている。

中国の明《みん》王朝からは「日本国王」の称号を獲得した義満は、日本の王朝は百代で滅びるという「百王説《ひゃくおうせつ》」を盛んに喧伝《けんでん》したという。この義満の驕《おご》りは留まるところを知らず、あともう一歩のところで、王権を簒奪するところまで手が届いていた。

では、なぜ義満は、王位を得ることができなかったのだろう。

今谷氏は、その原因を、いくつか挙げている。

最大の原因は、義満が夢半ばで急死したこと。そして、第二に、朝廷の廷臣たちは義満に協力的だったのに対し、幕府の宿老たちが、義満の野望に冷ややかだったことを挙げている。当時の家職観念が邪魔をした、というのである。

これは、足利氏と対等の地位にあるという意識がどこかにあって、足利氏だけが突出した力を持つことを警戒したのだろう、というのだ。

◆ひとつの考えで天皇の謎は解けない

結局今谷氏は、義満の蹉跌《さてつ》を検証した上で、あらためて、「祭司王だから天皇は永続した」とか、網野氏のいうような「裏社会が天皇を守った」などの考え方を否定した。そして、たまたま天皇は長続きしたのであって、義満の場合は、室町政治史の力関係によって野望がついえたに過ぎない、とした。

いったい、網野氏と今谷氏、どちらの考えが、真実に近かったのだろう。

ここではっきりと言えることは、どちらか一方が正しいというものではない、ということなのだ。というのも、天皇という存在が「祭司王」であることは当然であるにしても、一方で「政治力」が皆無であったかというとそうではなく、玉虫色の王権だったこと。しかも時代の移ろいとともに、王権の性格が変化していたことを忘れてはなるまい。三世紀後半のヤマト建国から現代に至る天皇家の「永続した理由」を、たった一つの論理で解き明かすなどということは、所詮無理な話なのではなかろうか。幕末、明治、戦前、戦後と、このたった百年あまりの間においてさえ、「天皇」は、いろいろな形に変化してきたわけである。であるならば、政治的要因でたまたま生きながらえた、という推論も、室町時代にはあてはまるにしても、祭司王だから権威をもっていた、という意見も、別の時代なら通用するわけである。

ただ、われわれが不思議に思うのは、天皇には、理屈ではない不可侵性が確かに備わっているのであって、これは日本人の潜在意識の中にすり込まれている、としか思えないことだ。とするならば、「天皇家永続の謎」などと大上段に構える前に、まずこの、なぜ天皇家には、理屈では説明のつかない神秘性、不可侵性が備わっているのか、その答えを先

天皇家の不可侵性の秘密とは？（神武天皇陵・奈良県橿原市）

に出さなくてはならぬはずだ。

たとえば、先述の承久《じょうきゅう》の乱の時、錦の御旗はあがらなかったから幕府軍が勝利したが、その後幕府の要人が相次いで変死し、「天魔蜂起《てんまほうき》」の噂が流れた。そして、

「これは隠岐《おき》に流され、かの地で憤死された後鳥羽上皇《ごとばじょうこう》の祟《たた》りにちがいない」

と大騒ぎになったのだ。

このように、政治力、軍事力では負けた皇族が、祟る鬼となって人びとを苦しめた（正確には、そう誰もが信じた）のは事実であって、なぜこれほどまでに、「天皇（や皇族）」は恐ろしいと考えられたのか、その謎を解き明かしてみたいのである。

5

なぜ初代王がみな「神」なのか

◆祟《たた》らない王は天皇ではない?

天皇の謎はいつまでたっても解けそうにはない。だが、ひとつの仮説を用意することで、意外に簡単に、真相が明らかになるのではないだろうか。

ではその仮説とは……。

それは、ヤマト建国当初から、すでに天皇(当時は大王《おおきみ》、あるいは王)は、祟る恐ろしい存在と考えられていたのではないか、というものだ。恐ろしい人だから、王に立てられた、という推理なのである。

なぜこのようなことを言い出すのかというと、ヒントを握っているのは、日本史上「神」の名を冠する人物が四人いて、なぜ「神」なのかというと、彼らが「祟る鬼」と考えられていたから、というものだ。

「なぜ神が鬼なのか?」という疑問は当然起きるだろう。

大和岩雄氏は『鬼と天皇』(白水社)のなかで、「天皇と鬼は、一見、対立的関係にあるようにみえるが、ひとつの実態の表と裏の関係にある」と述べている。まさにそのとおりで、じつは、この「神＝鬼」という原理が分からないと、天皇の本質も理解できないのである。

そこで、分かったような分からないような奇妙な理屈の根拠を説明しなければならないが、そのまえに、天皇と神と鬼の関係を知るための最大のヒントとなる「神」の名を冠した四人の人物に、ご登場願おう。

一人目が初代ヤマトの王・神武《じんむ》天皇。二番目が第十代崇神《すじん》天皇。三番目と四番目は母と子だ。第十四代仲哀《ちゅうあい》天皇の妻・神功皇后《じんぐうこうごう》とその子・応神《おうじん》天皇だ。

ここであらかじめお断りしておくが、これらの名前は「漢風諡号《かんふうしごう》」といって、彼らが生きているときの名前ではなく、死後の尊称なのだ。しかも、『日本書紀《にほんしょき》』編纂《へんさん》からしばらくたった奈良時代後半、淡海三船《おうみのみふね》という人がつけた諡号なのだ。

◆神の名を冠した人物はみな初代王

問題は、「神」の名を冠した人びとが、みな「初代王」だったところにある。

まず神武天皇は『日本書紀』にヤマトの最初の天皇として登場してくる。第十代崇神天皇も、神武同様「ハツクニシラス天皇《すめらみこと》＝初めて国を治めた天皇」と称えられている。その理由を通説は、崇神天皇こそが、ヤマトの本当の初代王で、神武は天皇家の歴史を古く見せるために、崇神をモデルに創作された人物と推理している。

では、神功皇后と応神の母子はどうだろう。

応神天皇は第十五代の天皇だから、ヤマトの初代王ではありえない。ところが、王朝交替論というものがあって、崇神天皇の王家は、応神天皇の時代に入れ替わったとする説が根強い。とすれば、応神天皇も、新王朝の始祖ということになる（もっとも私見は、神武と崇神と応神は、ヤマト建国時の真実を抹殺するために、『日本書紀』の編者がひとつの事件を三つに分解してしまったと考えているが、その理由については後に触れる）。

では、なぜ始祖王たちの名には、そろいもそろって「神」の名が冠せられているのだろう。これは偶然ではあるまい。何かしらの意図があったはずなのである。

そこで注目されるのは、「神」の名を冠する人びとに共通するキーワードなのだ。それが、「祟り」や「呪い」なのである。

神武天皇は緒戦に敗れたが、「天香山《あまのかぐやま》の呪い」によって不死身になったことを確信し、ヤマトにはいることができた。崇神天皇は「出雲神・大物主神《おおものぬしのかみ》の祟り」に怯《おび》え、祟りを調伏《ちょうぶく》するために「神の子」をヤマトに招いている。応神天皇と神功皇后は、北部九州の地から応神のヤマト入りを阻止しようと待ちかまえる敵を、「喪船《もふね》の呪い」で脅しをかけ

神の名を持つ天皇

初代	神武天皇
第十代	崇神天皇
第十五代	応神天皇
応神天皇の母	神功皇后

ている。神功皇后は平安時代に至っても「祟る人」と考えられている。

このように、「神」の名とは裏腹に、どうしたことか、四人ともじつにおどろおどろしい世界に身を投じていたことがはっきりする。

初代王と目される人びとが、呪いや祟りにかかわりを持っていた事実を、無視することはできない。これまで、史学界がこのような現象に無頓着だったのは、「呪い」や「祟り」といった「迷信の世界」を歴史として取り扱うのがバカらしいと感じていたからかもしれない。しかし、古代にあっては、呪いや祟りは「現実」であったことを、現代人の感覚で軽視し、無視してしまって良いのだろうか。

6

日本の神様と一神教の神様の決定的な差

◆神が鬼で鬼が神という奇妙な理屈の根拠

天皇を理解する上でもっとも大切なのは、日本人の宗教観なのだ。

とはいっても、「日本人の宗教＝神道《しんとう》」という漠然としたイメージがあるだけで、神道そのものがよく分からないという人がほとんどだろう。

そこでまずは、原点に戻ってみよう。神道の根っこをたどっていくと、遠く縄文時代にさかのぼることができる。

縄文時代の宗教観は、万物に精霊（アニマ）が宿るというアニミズムだった。アイヌの人びとが熊に精霊が宿っていると考え「ふたたびこの世に戻ってきてください」と祈るのは、アニミズム的発想を守っているからである。

この原始的宗教観は、やがて「神」という存在を創出し、「万物に神が宿る」「そこかしこに神がいる」という信仰に変化していった。

神話に登場する「八百万《やおよろず》の神々」は、アニミズムから発展した多神教的発想だったこ

明日香村に残る立石にはアニミズムの名残がある

とが分かる。

問題は、キリスト教やイスラム教の一神教世界と、多神教世界の「神」では、まったく性格が異なっていることなのだ。

一神教がいうところの神とは、宇宙を創造した唯一絶対の存在であり、神は正義そのものだった。これに対し多神教の神は、つねに「正しい」とは限らない。時に悪さもする。さんざん暴れ回って、人びとを苦しめる。

たとえば神話の中でも、素戔嗚尊《すさのおのみこと》は高天原《たかまのはら》で乱暴狼藉《ろうぜき》をはたらき天照大《あまてらすおお》神《みかみ》を困らせるが、地上界に降りると、人格が変わったかのように、出雲建国に邁進《まいしん》している。

◆多神教の神は祟《たた》る恐ろしい鬼？

なぜ日本の神は、明確な正義を持ちあわせていないのだろう。単純にいってしまうと多神教の神とは、「大自然そのもの」と考えると判りやすい。正義とか、悪とか、そういう理屈ではない。神は宇宙であり地球であり、大地であり大空なのだ。だから、神々は時に暴れ、人びとを苦しめるが、これを丁重に祀《まつ》れば、人びとに幸を授ける恵みの神、豊饒《ほうじょう》の神となるのだ。

すなわち、多神教における「神」とは、祟る恐ろしい神であるとともに、福をもたらすありがたい神であり、同じ神でも両面性をもっていた、ということになる。

このような多神教的発想をもっとも分かりやすい例で説明しよう。それが雷神なのだ。落雷によって人間は簡単に死ぬが、古くは雷は「祟る鬼」の象徴だったのだ。菅原道《すがわらのみち》真《ざね》の祟りは雷神となって人びとを恐怖のどん底に突き落とした（と、誰もが信じた）。これが祟る雷神である。

いっぽう、雷光を「イナヅマ（稲妻）」というのはなぜかというと、稲は落雷があって初めて実をつけるという信仰があったからだ。雷の精と稲が結びつく（つまり、稲の妻）ことによって、稲は実るのだ（と、誰もが信じた）。

つまり、雷神には、「祟る恐ろしい鬼」と、「人びとに豊饒をもたらす恵みの神」の二面性があったことが分かる。

このように、多神教世界の神は、絶対的な正義を具現する者ではけっしてない。そして、日本人にとって「神」とは、基本的には「祟る者」なのであって、これを丁重に祀りあげ、なだめすかすことで、「恵みの神」に変えることができた、ということになる。

このような「多神教の神」の原理がはっきりとすると、「神のような天皇」の意味もはっきりとしてくる。それは、「神様のような正義をもたらした偉大な人」ではなく、「祟る恐ろしい王」という意味だったのである。

7

なぜ女性は相撲の土俵に登れないのか

◆山の神（奥様）は鬼婆《おにばば》？

ちょっとむずかしい話が続いたので、このあたりで、一休み。

神と鬼が表裏一体であるたとえ話をしておこう……。

飲み屋でのさり気ないサラリーマン同士の会話にも、けっこうヒントは隠されているものなのだ。

入社間もない新人社員。課長の誘いで、赤提灯へ繰り出した。当然、上司にヨイショを忘れない。

「課長の奥方は美人だし、料理はうまいし、いうことないっすね。ああいうお嫁さん、どこかにいませんかねえ」

つい、にんまりする課長。まんざらでもなさそうだ。

「いやいや、うちのカミさん、だんだん貫禄が付いてきて、今では、山の神そのものだからね。はっはっは。尻に敷かれっぱなし‼」

怪訝《けげん》そうな部下。

「山の神？　なんですかそれ」

「なんだ。山の神も知らないのか」

「いやー。教養ないですから」

頭をぼりぼりかいている部下を、赤ら顔の課長はにらみつけている。

「あ、おまえ。関裕二の本、読んでいないだろ。そういう人間、どんどんバカになるんだぞ」

「へっ。そうなんすか。いやあ、今日はいいこと聞いたなあ」

てなわけで、課長、千鳥足だけど、ご機嫌で帰宅。

ところが、例の奥様、箒《ほうき》を持って玄関で仁王立ち（いまどき、箒はなかったか）。

「今、何時だと思っているのよお!!」

「ひえー。鬼婆が出た!!」

ジャンジャン……。

こうして、課長の奥様、神様（山の神）と崇《あが》められていたのに、あっという間に鬼（鬼婆）に化けてしまったわけだ。

日本人なら、この理屈を分かっておかないとね。

◆山の神と魔女の話

さらに余談。

なぜ相撲《すもう》の土俵《どひょう》に、女性は登ることができないのだろう。

世間やマスコミが騒ぐような女性蔑視《べっし》……?

どうやら違うようだ。むしろその逆で、女性崇拝が「裏目」に出たのではないかと思える節がある。

相撲は修験道《しゅげんどう》の験競《げんくら》べの要素がふんだんに盛り込まれているのだが、修験者《しゅげんじゃ》は山に籠もって修行をし、その「山」には、女性が入れなかった。相撲の土俵とまったく同じことが起きていたわけだ。

理由ははっきりとしている。修験者たちは、「山の神」を「女神」と信じていた。「母なる大地」と同じ発想だろう。

だから、マタギが山に入るとき、猟の無事を祈り、「男根」を露出するという風俗も見られる。山の神のご機嫌をとろうという魂胆《こんたん》だ。もちろん山の神は恐ろしい神だから、怒らせるわけにはいかない。特に、女性が山に入ったら、山の神は嫉妬し、どんな仕打ちをするか分かったものではない。

縄文のストーンサークル（秋田県鹿角市の大湯環状列石、写真提供：大湯ストーンサークル館）

ちなみに、大地が女性という発想は、ほぼ万国共通だった。たとえば縄文人が巨大なストーンサークルをつくり、巨石が大地に屹立《きつりつ》していたのは、ひとつの理由に太陽信仰があったのだが（石は太陽が昇る方角を意識して立てられた。日時計のようなもの）、これは、大地に男根が屹立している様子を描いたものでもあったろう。

このように、アニミズムの根源には、「♂」と「♀」の観念が強烈に働いていた。なぜなら、この対極の交合によって子供が生まれ、豊饒がもたらされるからである。

このような原始の「大地＝女神・母神《ぼしん》」という発想が分かれば、なぜ女性が土俵に登れないか、もはや謎は霧散したはずだ。

8 口裂け女と恐ろしい豊饒の女神・山姥

◆昭和の口裂け女の深い歴史

日本の神様の実態がようやく見えてきたので、「天皇とは何か」の答えを出す前に、もう少し横道にそれておこう。

昭和の終わりごろだったろうか。巷《ちまた》では「口裂け女」の話題で持ちきりだった。小学生を中心に、口コミで現代版妖怪話が広まったのだ。

あらすじは次のようなものだった。長い黒髪に白いマスク。歩いている人のワキを追い越し、振り向きざまにマスクを取って、「私きれい？」と尋ねてくる。ふとみれば、口が耳元まで裂けている。逃げても逃げ切れない。想像を絶する韋駄天《いだてん》で、バイクよりも速く走る……。

なんともおぞましい口裂け女だが、この妖怪話、小学生が無意識に考え出したのだろうけれど、原形をたどっていくと、なんと縄文時代にまでさかのぼってしまうというから驚きである。

伊勢外宮は豊饒をもたらす女神・豊受大神を祀る

縄文時代、盛んに造られたのは土器だけではなく、呪術《じゅじゅつ》性を込めた土偶《どぐう》も造られ続けた。しかも、どれもこれも、必要以上に「女性」を強調したもので、また、多くの土偶は、わざと破壊され、破片は宝物のように、各地に拡散していった。

なぜ土偶は女性で、しかも破壊されたのだろう。これには、生贄《いけにえ》を神に捧げて豊饒を祈願するという習俗の名残《なごり》が、「母神《ぼしん》（土偶）を殺して豊饒を祈る」という呪術に変化していったようなのだ。

そしてこの「土偶」が、口裂け女に結びついていく。

◆やはり口が裂けていた山姥《やまんば》

記紀《きき》神話にも、殺されて豊饒をもたらす女神の話が出てくる。

それが倉稲魂《うかのみたま》や保食神《うけもちのかみ》で、ここにある「ウケ」や「ウカ」は、食料を意味している。伊勢外宮《いせげくう》に祀られる「ウケの女神＝豊受大神《とようけのおおかみ》」も、やはり天照大神《あまてらすおおみかみ》に食べ物を献上する神で、豊饒の女神である。

彼女らは死体から多くの穀物や食べ物を生みだしたのだと神話にはある。これが縄文時代以来継承された地母神《ちぼしん》信仰なのだが、やがて地母神は「山姥」と呼ばれるようになる。

山姥は「山の姥」だが、「山母」「山姫」ともいい、人間ではない。山をあてどもなく彷徨《ほうこう》する鬼女である。

鬼だから、山姥は人を脅す恐ろしい存在だった。背が高く、長い髪、目がぎらぎらと輝き、口は耳元まで裂けている。頭の上にもうひとつ大きな口が開いていて、なんでも貪欲に食べてしまう。ただし山姥は、ただ単に「食べるだけの女」ではない。人びとに豊饒をもたらす女神でもある。ちなみに、子供をさらって食べてしまうという鬼子母神《きしぼじん》も、山姥とモチーフを共有している。

問題は、山姥が昭和の口裂け女にそっくりなことで、日本人の民俗の根底に、山姥のみならず、「ウケ」の女神、さらには、縄文時代にさかのぼる文化の継承が見られることなのである。

さらに、豊饒の女神が「農地」や「田」のある「平地」ではなく、「山」に依拠《いきょ》していたことが大きな意味を持っている。

これは、縄文時代以来の山岳列島で育てられた狩猟文化の風土と習俗を、日本人が忘却できないでいるのだ、という指摘もあるほどなのだ（山上伊豆母『天狗と山姥』怪異の民俗学5　小松和彦責任編集　河出書房新社）。

ようするに、日本人は「アニミズム」「多神教」の呪縛《じゅばく》から逃れることができないでいる、ということだろうか。

9 昔話になぜ童子と老翁がでてくるのか

◆日本史の基本中の基本

日本人の考えてきた「神様」というものが、けっして正義の味方でないことがお分かりいただけたと思う。

そしてもうひとつ付け加えておくと、「物」に精霊や神が宿るという考えから、「物」は、単なる「物質」というだけではなく「霊的な属性」も含まれるようになった。「鬼」は太古「オニ」とは読まず、「モノ」と呼ばれていたのはこのためだ。また、「物の怪《ものけ》」といえば「化け物」を意味しているのは、「鬼＝モノ」の名残《なごり》といっていい。

もちろん、神と鬼はひとつの現象の表と裏だから、「鬼」は恐れられはしたが、邪険《じゃけん》に扱われる存在ではけっしてなかった。ところが八世紀、『日本書紀《にほんしょき》』が編纂《へんさん》される時代になると、神と鬼は明確に峻別《しゅんべつ》され、鬼には「邪」のレッテルが貼られてしまうのだ。そして平安時代になると、「鬼」は「モノ」ではなく「オニ」と呼ばれるようになっていく。

これはなぜかというと、七世紀から八世紀にかけて、藤原氏が勃興《ぼっこう》したことが大きな意味を持っている。後にふたたび触れるように、藤原氏は成り上がり者で、それ以前のヤマトの大豪族たちを次々に潰していった。祭祀や「マツリゴト」に深くかかわっていた人びとから、多くの特権を奪っていったのだった。そうしておいて、藤原氏は自家にとって都合のよい『日本書紀』を編纂し、神話の中で神と鬼を明確に峻別し、「鬼」を「邪《あ》しき者」とさげすみ、その上でかつての「神」にかかわる名門貴族を「鬼」呼ばわりしていったということなのだ。つまり、「神」が零落《れいらく》して「鬼」になったと言い直すこともできる。

中世の被差別民が自らを「供御人《くごにん》（ようするに神や天皇に仕えていた人）」の流れを汲んでいると主張し、天皇から数々の特権を引き出していたのは、このような裏事情が隠されていたからなのだ。

じつは、この日本史の「基本中の基本」をわきまえていないから（そして学校で教えてくれなかったから）、みんな歴史がわからないままでいると言っても過言ではなかったのである。

◆なぜ鬼退治に向かうのは「童子《どうじ》＝子供」と決まっていたのか

もうひとつ「鬼」にまつわる話をしておこう。お伽話《とぎばなし》に登場する鬼の話だ。

お伽話といえば、たいがいの場合、大人が束になってもかなわない鬼を、小さな男の子（童子）が退治してしまうというあらすじになっている。なぜ童子が鬼を退治してしまったのだろう。弱く、守られる側の「童子」が、なぜ恐ろしい鬼に立ち向かっていかなければならなかったのだろう。

さらに、お伽話にはかならずといっていいほど、「老翁《おきな》」や「嫗《おうな》」といった、老人が登場してくる。たとえば一寸法師は、子供のできない老夫婦が住吉大社に願掛《がんか》けしてできた子で、いつまでたっても背が伸びず、童子のままであったといい、『竹取物語』の中で、菜種《なたね》の大きさのかぐや姫を拾い上げたのは、竹取の翁だった。鬼ヶ島の鬼を退治した桃太郎も、やはり老夫婦が桃の中から取りあげた童子。どれもこれも、老人と童子がセットになっている。

これには何かわけがあるのだろうか。

太古以来、人びとは「境界」を神聖視してきた。国境《くにざかい》や集落の入口（出口）も境界だから、ここに鳥居のような印を立てて、「こちらとあちら」を区別したものだ。太陽信仰も「境界」が大きな意味を持っている。なぜなら、日の丸が真っ赤なのは、日の出を意識しているからだろうが、太陽がもっとも神々しく輝くのは日の出であり、これを日本人は、「御来光《ごらいこう》」といって尊《とうと》ぶのだ。

鳥居は「境界」を意味した（籠神社・京都府宮津市）

なぜ「境界」が大事なのかというと、「奇跡」「奇瑞《きずい》」は、たいがいの場合、「境界線上」でおきるから、「境目《さかいめ》」を、みなありがたがったのである。日の出がまさにそれで、昼と夜の境目がもっとも神聖なのだ。各地の神社で、「ニワトリ」を飼っているのは、朝日を招き寄せる鳥と考えられていたからである。

それはともかく、人間の場合、生と死が「境界」であり、生まれる瞬間と死ぬ瞬間が、奇跡の境目にあたっていた。だから、境界にもっとも近い「童子」と「老人」が、神に近い存在と考えられたわけである。ここにいう「神」とは「鬼」でもあり、大人が束になっても勝てない鬼に立ち向かうのは、生命力にあふれた「神＝鬼」である童子でなければならなかった、ということなのだ。

10

「神」の名を冠する初代王たちはいかに祟りと関わってきたか

◆ヤマトの王が恐ろしい人物と目された契機《けいき》はあったのか

太古の日本人が、神と鬼についてどのように考えていたのか、これが分かれば、神道の謎だけではなく、天皇にまつわるあれこれも、明確になってくる。

なぜ天皇が「神」と考えられ、守られてきたのか、なぜ「天皇は祟《たた》る」と考えられてきたのか、答えはすでに出たようなものだ。天皇は「神」である以前に「鬼」だったのである。

そうなると、初代王たちの名に「神」の名が冠せられていたのも、彼らが「鬼」だったことを強調しているに過ぎなかったということになる。

ただし、そうはいっても、ヤマトの王が「恐ろしい鬼」と目される契機というものがあったはずで、彼らが特別視されるようになった理由と史実を探り当てる必要が出てくるわけである。

そこでまず、神武《じんむ》天皇が本当に恐ろしい祟る人だったのかを、『日本書紀《にほんしょき》』の文面から検証しておこう。

まず興味を引かれるのは、神武天皇が九州南部の日向《ひむか》にいたとき、東方に都に相応《ふさわ》しい土地のあることを神武に知らせ、ヤマトに誘ったのが、塩土老翁《しおつつのおじ》だったことだ。鬼退治の昔話そっくりに、老翁が物語の端緒に登場していることは偶然ではないだろう。

神武天皇は瀬戸内海を東に向かい、大阪方面からのヤマト入りを目論《もくろ》む。ところがヤマトの土着の首長・長髄彦《ながすねひこ》が激しく抵抗し、神武は緒戦で敗北してしまうのだ。

「私は日の御子《みこ》なのだから、太陽（東）に向かって進軍したのが間違いだった」

といって、神武は南に進路を取り、紀伊半島を大迂回し、熊野からのヤマト入りを日指した。ヤマト盆地の手前、宇陀《うだ》にたどり着いてみると、やはりヤマトの首長たちが手ぐすね引いて待ちかまえている。要衝に陣を張られ、道という道は塞《ふさ》がれている。これではどうやってもヤマトにはいることはできそうになかった。

◆呪《のろ》ってヤマトの敵を調伏《ちょうぶく》した神武天皇

ところが、その晩、神武は夢を見た。神が教えていうには、天香山《あまのかぐやま》（天香具山）の社の土を取って天平瓮《あめのひらか》（平らな土器）と厳瓮《いつへ》（甕《かめ》）を造って天神地祇《てんじんちぎ》を祀《まつ》り、敵を呪えば、彼らはおのずから降服してくるというのである。

そこで神武は、敵の目を欺《あざむ》くために、二人の男に貧しい身なりをさせて、老夫婦に扮した彼らを天香具山に遣わした。そして神の教えのままに行動すると、勝利を確信し、賊を蹴散らしたというのだ。

このように、大阪からのヤマト入りでこてんぱんにやられた神武は、熊野方面からのヤマト入りに作戦を変更したが、それでも敵は道という道をふさいでいた。そこに神が現れ、勝利の呪術《じゅじゅつ》を教示したわけだ。その教えのままに天神地祇を祀り、敵を呪うことで初めて神武は勝つことができたわけである。

とするならば、「神武東征」は、単純な征服劇ではありえない。呪術の勝利であり、神武は「呪う王」だったことになる。

神武にそっくりなのが、もうひとりの「神」の名を冠した応神天皇《おうじん》だ。

応神の母・神功皇后《じんぐうこうごう》は、新羅《しらぎ》に遠征し凱旋すると、今の福岡市付近で応神を産み落とした。この時、皇位継承をめぐって応神と対立する皇子が、陣を構えて応神のヤマト入りを阻止しようと手ぐすね引いて待っていた。神功皇后は喪船《もふね》を浮かべ、応神は亡くなったとデマを流し、瀬戸内海をヤマトに向けて進軍したのだった。

生まれたばかりの応神を「すでに死んだ」と、縁起でもないことを言いふらしたのは、敵に恐怖心を植え付ける呪いでもあったろう。事実、ヤマト側の「賊」たちには、不吉な

天香具山（奈良県橿原市）

前兆がおこっていた。神功皇后の呪いは、後世にも語り継がれたようで、平安時代に至っても、「神功皇后は祟る恐ろしい人」と信じられていた。これは、応神の「東征」が呪術の勝利であったことを、誰もが知っていたからだろう。

このように、「神」の名をもつ神武と応神（これに神功皇后も含まれるが）は、呪術によってヤマト入りを果たしたわけで、彼らの呪術が有効で敵がおののいたのは、彼らが「祟る恐ろしい鬼」という認識があったからにほかなるまい。

このように、古くはヤマトの王家＝天皇には、「祟る王」、「鬼（神）の王」という共通の認識があったわけである。

11

合議制のための王権、それが天皇？

◆天皇に強大な権力が渡ったことはあるのか

近年の考古学の進展によってはっきりとしたことがある。それは、三世紀半ばから四世紀にかけてヤマトの三輪山《みわやま》（奈良県桜井市）の周辺に国家の原形らしきもの（纒向《まきむく》遺跡という。この遺跡は非常に重要なので、後にふたたび触れる）が生まれたこと、ヤマトで生まれた前方後円墳《ぜんぽうこうえんふん》という埋葬文化が、四世紀には東北南部に至る日本各地に伝播《でんぱ》していったことだ。

そして、もっと大切なことは、ヤマト朝廷を象徴する前方後円墳が、あまりに巨大なために（ちょっと見た目では、「山」以外の何物でもない）、ヤマト朝廷発足当初、強い権力を大王《おおきみ》（天皇）が持っていたのではないかと想像しがちだが、前方後円墳の意味は、まったくその逆だったのだ。というのも、前方後円墳とは、西日本のいくつかの埋葬文化を習合《しゅうごう》させることで組み立てられたようなところがあって、妥協の産物であった可能性が高いのだ。つまり、たったひとりの「独裁王」「征服王」によってヤマトが樹立されたとはと

纒向遺跡（奈良県桜井市）の発見により、ヤマト建国の歴史が明らかになりつつある

てもではないが考えられなくなってきたのである。

また、神武東征《じんむとうせい》について、そのまま史実として認めるわけにはいかないが、九州からヤマトに向けて、何者かが軍勢を引き連れて征服したという話の骨格は、何かしらの事実をもとに構築されたお話ではないか、とする説がある。

弥生《やよい》時代の最先端地域が北部九州であることは間違いなく、とするならば、北部九州の首長が、富をたくわえヤマトに進出したという話は、史実であった可能性が高いというのである。

ところが、三世紀のヤマトの中

心地・纏向の発展の経過を見ていると、北部九州の影響は、やや遅れ気味にやってきたことが分かる。しかも、かつて考えられてきたような、北部九州の圧倒的な力を想定することはできないのである。

つまり、「ヤマトの纏向」から分かったことは、「発足当初からヤマトの王は弱かった」ということになる。

◆八世紀の律令《りつりょう》制度も天皇権力を骨抜きにしていた

この、「弱い天皇」という現象は、五世紀の雄略《ゆうりゃく》天皇や武烈《ぶれつ》天皇など、いくつかの例外を除くと、ヤマト朝廷の原則だったように思えてならない。というのも、八世紀に完成した律令制度は、「弱い天皇」を前提にしていたからである。

律令の話をする前にここではっきりさせておきたいのは、天皇に限らず、日本人はどうしたことか、有史以来、どこか「強い権力者」の発生を忌避《きひ》していたようなところがある、ということなのだ。

では、独裁者を出さずにどのような政治運営をしていたかというと、「合議制」であった。律令制度導入の先鞭《せんべん》をつけた聖徳太子《しょうとくたいし》が、憲法十七条のなかで、「和《やわら》ぐを以《もっ》て貴《とうと》しとし…」と語り、「大きな問題は独断で決めず、かならず皆と話し合え」といっているのは、合議制を念頭においているからだろう。また『魏志《ぎし》』倭人伝《わじんでん》に、三世紀の倭国《わこく》の女王・卑弥呼《ひみこ》が「共立された」と記されているのも、混乱を収拾するためにみなで相談して、女王を立てた様子が、今に伝わってくる。どう考えても、日本人は、独裁王を排除し、話し合いを好む民族らしい。

たとえば、七世紀に専横《せんおう》をほしいままにしたとされる蘇我《そが》氏でさえも、ひとつの氏から一人の参議官という因習を守っていたし、八世紀に完成した律令の中では、建前上は天皇の許しがないとなにごともはじまらないことになっていたが、実態は、「天皇の認めた証」である「御璽《ぎょじ》」を、国家最高議決機関である太政官《だいじょうかん》が管理していて、天皇は太政官の奏上した案件を追認するだけの存在だった。

ヤマトの王＝天皇は、恐ろしい王ではあっても、強い王ではない。

コラム　日本人は独裁者が嫌い？

歴史上の人物で誰が好きかと聞かれれば、多くの日本人は、織田信長《おだのぶなが》の名を挙げる。

歴史雑誌の特集でも、織田信長をやれば、よく売れるという。

閉塞《へいそく》感のある世の中を、織田信長ならば打ち破ってくれそうな気がするのだろうか。

ただ、これは筆者の勝手な想像なのだが、織田信長の出現を望んでいる人も、現実に自分の会社の上司が織田信長になったら、明智光秀《あけちみつひで》のように、「いつか殺してやる」という気持ちになるに決まっている。

日本人にとって、「独裁者」は、社会の平穏をかき乱す邪魔者でしかないからだ。

なぜ天皇家は永続したのか、という謎も、このような日本人の「独裁者嫌い」がひとつの原因だったかもしれない。

日本人にとって、「天皇」という存在は、日本民族の「あいまいでゆるやかな多神教的発想」を象徴していたわけだ。われわれの遺伝子には、一神教的な独裁者を無条件に排除してしまうというプログラムが、生まれながらに組み込まれている。だから日本人にとって「天皇」は、じつに心地よい王権システムだったのである。

日本に革命らしい革命がなかったのも、同様の理由からだろう。

「日本には革命の歴史がない」

と嘆くのは、お門違《かどちが》いというもので、むしろ、「正義（独善）のための革命」のなかったことを、われわれは誇りにすべきなのである。

第二章

邪馬台国の謎はすでに解き明かされている？

12 なぜ邪馬台国は迷宮入りしてしまったのか

◆邪馬台国《やまたいこく》論争はむずかしいのになぜ夢中になる？

この世の中には二通りの人が存在する。邪馬台国論争が大好きな人と、まったく関心がない人だ。もっとも、割合からいうと、熱狂的な邪馬台国論争ファンはごくわずかだろう。数は少ないが、一度はまるとなかなか足を洗うことができなくなるから、古代史の本がそこそこ売れるのだ。

では邪馬台国論争の魅力はどこにあるのだろう。

第一に、闇に包まれた三世紀の日本の姿を推理することで、ロマンを感じるということか。第二に、邪馬台国論争の根本資料である『魏志《ぎし》』倭人伝《わじんでん》の読み方次第では、邪馬台国は日本のどこにでも比定できるという点を無視できない。「オラが村の、オラが町の邪馬台国」という現象が、日本中あちこちで見られる。郷土愛も度を超すと我田引水《がでんいんすい》になるが、どうせ学者も邪馬台国を特定できないのだから、誰も彼も、好き勝手なことをいえるわけだ。つまり、邪馬台国は確かに難解だが、誰もが答えを出せないということは、誰もが邪馬台国論争に参加できるということで、しかもどこに邪馬台国があってもおかしくはないところが、最大の魅力なのかもしれない。

だがそれにしても、江戸時代から論争はつづいているのに、なぜこの謎は迷宮入りしてしまったのだろう。

考古学が発達して、ヤマト建国と邪馬台国の時代がほぼ重なっていたことがはっきりとしてくると、邪馬台国の謎を放置しておくわけにはいかなくなってきた。邪馬台国を明確にすることこそ、「日本人とはなんなのか」「われわれの祖先はいかなる生き様を示してきたのか」、そういう日本の歴史の根源を探り当てる作業そのものになってきたわけである。

ならば、論争を解き明かすヒント、どこかに転がっていないだろうか。

◆南を東と解釈した畿内《きない》説

邪馬台国論争といえば、『魏志』倭人伝を思い出すが、『魏志』倭人伝は日本の文書ではない。

『魏志』倭人伝は、正確に言うと『三国志《さんごくし》』魏書東夷伝《ぎしょとういでん》という。『三国志』は西晋《せいしん》の陳寿《ちんじゅ》(三世紀半ばから後半の人)が書き残し、正史となった文書だ。

ここにいう『三国志』は、劉備玄徳《りゅうびげんとく》や諸葛孔明《しょかつこうめい》が活躍した「魏《ぎ》・呉《ご》・蜀《しょく》」の三国の政争劇を描いた『三国志演義《さんごくしえんぎ》』と同じ時代を描いた中国の歴史書なのだ。そしてもちろん、邪馬台国の時代は、中国の『三国志』の時代にだいたい重なっている。

そのなかに、朝鮮半島の最南端から玄界灘《げんかいなだ》に向けて、さらに北部九州に上陸後の邪馬台国に至る克明な行程が明記されている。それにもかかわらず、邪馬台国の所在地を特定できないのは、北部九州から南に水行（船で）十日（あるいはもう二十日分の航海）、さらに陸行（歩いて）一月かかるとあって、これでは、いくら交通の発達していない古代とはいっても、鹿児島を通り越し、はるか太平洋上に没してしまうことは、火を見るよりも明らかだったからだ。だから、この一節を、どう解釈すればよいか、みな、あの手この手を駆使したという次第。

北部九州から「南」に邪馬台国があると書いてあるのだから、これを素直に読めば、邪馬台国は九州の中になくてはおかしい。ところが、邪馬台国を「ヤマト」と読み、邪馬台国はヤマトの盆地の中にあったと考える人たちは、「南」と書いてあるのは、「東」と読むべきだ、と主張している。

だが、これは無理だろう。『魏志』倭人伝は瀬戸内海からヤマトに至る重要な交易ルートについて、まったく記していないからだ。

13 邪馬台国九州説と邪馬台国畿内説はどう違う？

◆邪馬台国《やまたいこく》論争の歴史

邪馬台国論争に興味があるといっても、『魏志《ぎし》』倭人伝《わじんでん》を読んだことのある人の方が少ないのではないだろうか。文庫になっていて、簡単に手にはいるので、気軽に手に取ってみてはどうだろう。

その『魏志』倭人伝には、「倭人《わじん》は帯方《たいほう》（朝鮮半島西岸、ほぼ中央部にあたる）の東南大海の中にある」とあり、ここから邪馬台国に至る行程が記されている。対馬《つしま》、壱岐《いき》を通り、末盧国《まつらこく》（肥前松浦郡《ひぜんまつら》）に上陸した後、現在の福岡市周辺まではっきりと足取りを追うことができる。ところがここから先の行程が奇妙なのだ。

「南、投馬国《つまこく》に至る水行二十日（中略）南、邪馬壱（台）国に至る、女王の都《と》する所、水行十日陸行一月」

ここには、倭国《わこく》の都＝邪馬台国に至る行程が記されている。北部九州からまず南に二十日ほど船に乗り、また、船で十日、徒歩で一月かかる、と書いてある。すでに指摘したように、この記述のまま北部九州から南下すれば、太平洋に没してしまう。では、先人たちは、この「史上最大の難題」をどう考えてきたのだろう。

八世紀の『日本書紀《にほんしょき》』の編者は、『魏志』倭人伝の記事を第十五代応神《おうじん》天皇の母・神功《じんぐう》皇后の時代に引用している。『日本書紀』にしたがえば、神功皇后はヤマト朝廷成立後の人物なのだから、『日本書紀』は邪馬台国と「ヤマト」を同一視していたわけである。

南北朝時代の北畠親房《きたばたけちかふさ》という人も、邪馬台国をヤマトと同一とみなしているが、興味深いのは江戸時代の国学者たちの考えで、たとえば本居宣長《もとおりのりなが》（江戸時代中期）は、九州の女酋《じょしゅう》が魏に朝貢し、「われわれが倭国を代表するヤマトだ」と「偽僭《ぎせん》」したというのだ。

じつにユニークで画期的、しかも今日にも十分通用するアイディアだと思うのだが、本居宣長が極端な話で天皇を神聖視するから、このような考えは、見向きもされなくなってしまった。じつにもったいない話だ。

◆九州説、畿内説それぞれの言い分

今日につづく邪馬台国論争は、明治時代にはじまっている。

論争の画期《かっき》は、明治四十三年（一九一〇）に、白鳥庫吉と内藤虎次郎が、九州説、畿内説に分かれて、論陣を張ったことだった。両者はそれぞれ東京帝国大学と京都帝国大学の

魏から贈られたという三角縁神獣鏡が大量に見つかった黒塚古墳（奈良県天理市）は、邪馬台国畿内説の証拠の一つとされている

教授で、今日につづく「東大＝九州説」「京大＝畿内説」という組織を挙げた対立の図式は、すでにこの時に始まっていたのだ。

九州説の白鳥は、『魏志』倭人伝に記録された帯方郡から邪馬台国までの「里数」に注目した。帯方郡から北部九州の不弥国《ふみこく》までの総里数が一万七百余里とあり、また帯方郡から邪馬台国までは一万二千余里としている。この数字を引き算すると不弥国から邪馬台国までが千三百余里（現代の距離に直すと約二百キロ）となり、どうにか九州に収まることになる（海岸線をジグザグに進めば大変な距離になるからだ）。

では、距離よりも厄介な「日数」はどう考えるべきなのだろう。

白鳥は「陸行一月」が「誤写」で、本来は「陸行一日」だったのだろうと推理した。ちょっと無理がある感じだが、まあ、ここはやり過ごそう。

では、どこに邪馬台国があったかというと、北部九州から有明海を大回りした地、「肥《ひ》後《ご》国＝熊本県」だったのではないかというのだ。

これに対し畿内説の内藤は、『魏志』倭人伝にある「南」は、本当に「南」を指しているのではないと推理した。中国の古文書のなかで、東と南、西と北が混同されている例が少なからず存在するからである。

そこで内藤は、北部九州から「南へ水行二十日」とある投馬国は、「東へ水行二十日」の山口県付近であったと指摘した。

さらに内藤は、七世紀半ばの『隋書《ずいしょ》』のなかで、「倭国は邪靡堆《やまと》に都す」とあり、その「邪靡堆」は、いわゆる「邪馬台国のことだ」と記録されていることを重視する。この記事から、少なくとも七世紀の中国では、三世紀の邪馬台国はヤマトにあったという認識を持っていたことがはっきりするからだ。

このように、邪馬台国論争は、『魏志』倭人伝の帯方郡から邪馬台国に至る行程記事をいかに読み解くかが主題となったのである。それにしても、この百年論争、いつ結論が出るのだろう。

南に水行20日、陸行1月
邪馬台国はどこにある？

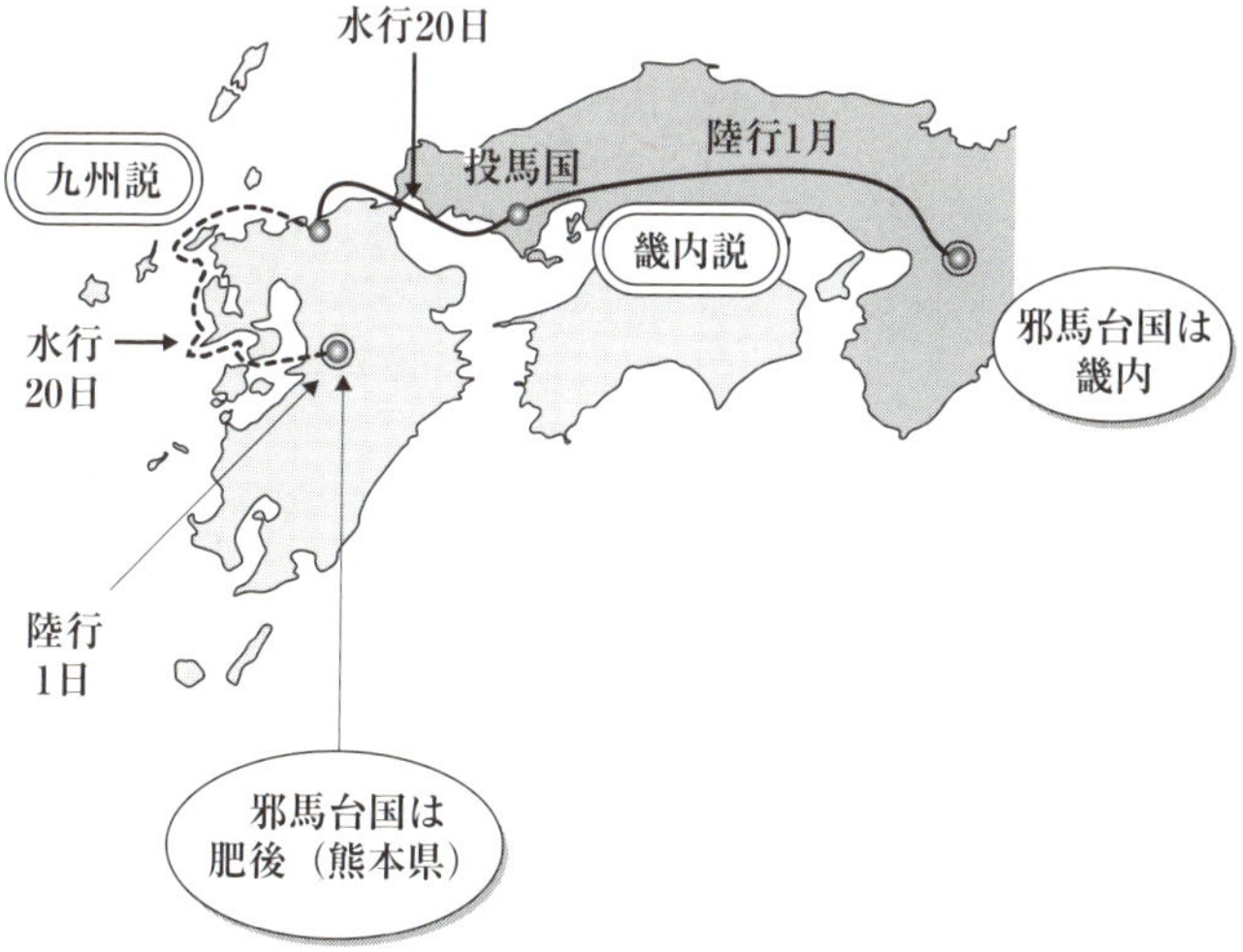

九州説 --------
・九州北部から邪馬台国までは約200キロ
・陸行1月は陸行1日の間違い

畿内説 ———
・「南へ水行20日」は「東へ水行20日」の間違い
・「投馬国」は今の山口県あたり

14

考古学から見た邪馬台国

◆すわ、邪馬台国《やまたいこく》か？ 吉野ヶ里《よしのがり》遺跡の衝撃

かつての邪馬台国論争は、文献的には九州説が優位、考古学的には畿内《きない》説優位とされていた。

ただし、どちらも決定的な証拠を提出することはできなかった。『魏志《ぎし》』倭人伝《わじんでん》をいくら精密に読んだところで、「邪馬台国は読み方次第でどこにでも推定できる」ということが分かっただけだし、考古学にしても、「状況証拠」をいくら積み重ねてみても、「卑弥呼《ひみこ》はここにいた！」と断言できるだけの力を持っていたわけではない。有名な「卑弥呼が魏からもらった」という三角縁神獣鏡《さんかくぶちしんじゅうきょう》にしても、調べれば調べるほど謎めく不思議な鏡だ。少なくとも、三角縁神獣鏡に目を奪われたままだと、邪馬台国の真相を見誤る可能性すらある。

いつまでたっても答えが出ない邪馬台国論争であるのに、人びとを飽きさせないのは、長い年月の間にいくつもの、予想外の考古学の発見があって、そのたびに双方の論客は一

かつては邪馬台国の有力候補といわれた吉野ヶ里遺跡（佐賀県）

喜一憂し、論争が迷走したことも一因だった。

たとえば、昭和六十一年（一九八六）に巨大工業団地建設計画に伴う開発調査によって発見された弥生《やよい》時代の吉野ヶ里遺跡（佐賀県神埼《かんざき》郡）は、すでに畿内説が優位とされていたこの時代、一気に「邪馬台国はやはり九州だった!!」という衝撃をもたらした。なにしろ吉野ヶ里遺跡は、『魏志』倭人伝に記された卑弥呼の都に相応《ふさわ》しい規模を誇っていたからだ。

二重の環濠《かんごう》に囲まれた遺跡の規模は約四十ヘクタール（南北一キロ、東西六百メートル）で、城柵《じょうさく》や楼観《ろうかん》の痕跡も出土し、邪馬台国九州説の最有力候補地・筑紫《つくし》平野の要衝に位置することから、九州説は一気に息を吹き返した。

ところが、残念なことに、吉野ヶ里遺跡がもっとも栄えたのは弥生時代中期で、邪馬台国の時代とは二百年以上の差があったのだ。もっとも、だからといって吉野ヶ里遺跡が重要な遺跡であることに変わりはない。弥生時代の環濠集落の変遷が辿《たど》れる貴重な遺跡だったのである。

◆邪馬台国ならこっち……？　驚異の纒向《まきむく》遺跡

吉野ヶ里遺跡ほど一般には知られていないが（無名なのは、新聞やマスコミの報道の仕方に問題ありか？）、吉野ヶ里に匹敵するか、あるいは比較にならないほど重要な遺跡が発見されている。それが奈良県桜井市の纒向遺跡で、考古学者が「邪馬台国は畿内で決まった」と豪語する大きな理由が、この遺跡の存在にあったのだ。

では、纒向遺跡の何がすごいのだろう。

まず、纒向遺跡は吉野ヶ里遺跡と違って、ドンピシャ邪馬台国の時代と重なっている、三世紀初頭から四世紀前半にかけての遺跡だった。しかも、それまでなにもなかった土地に、忽然《こつぜん》と巨大集落が出現していたことも注意を要する。さらに、周囲の有力な環濠集落が姿を消して、そのあとに纒向が出現しているのも無視できない。ヤマト最大の聖地三輪《みわ》山《やま》の山麓で、古代ヤマトの交易の中心となった海柘榴市《つばいち》も近いという立地条件も備わっている。

纒向遺跡の規模は約一キロ四方（径一・五キロ）で、後の時代の藤原京《ふじわらきょう》や平城京《へいじょうきょう》といった都城と遜色《そんしょく》がない。農耕集落の要素が欠如し、政治と宗教の都市であった可能性が高く、計画的な人工都市だった。

そして、纒向遺跡の最大の特徴は、なんといっても、「纒向の時代に纒向で前方後円墳《ぜんぽうこうえんふん》が誕生していたこと」なのだ。前方後円墳といえばヤマト朝廷の象徴だから、邪馬台国＝畿内説にとって、纒向遺跡は「決定打」と映ったわけである。

もっとも、だからといって、考古学者が豪語するように、「邪馬台国は畿内で決まった」といいきれるのかというと、それは大きな間違いだ。邪馬台国の時代と纒向が重なるからといって、両者をイコールで結べるほど邪馬台国論争は単純ではない。

たしかに畿内説が圧倒的に有利になったが、だからといって、纒向は決定的な証拠をつきだしているわけではない。邪馬台国の時代の日本列島で、今発見されている最も大きく重要な遺跡が纒向ということにすぎない。魏が纒向を倭国《わこく》の首都と認めたかどうかは、別問題なのだ。

15

纒向遺跡と前方後円墳の謎

◆纒向《まきむく》遺跡で前方後円墳《ぜんぽうこうえんふん》がどのように造られていったのか

纒向遺跡が邪馬台国《やまたいこく》であるかどうかを断言することはできないが、邪馬台国を考える上で纒向が大きな鍵を握っていることは間違いない。

ここでおさらいをしておくと、前方後円墳は三世紀の半ばにヤマトの纒向で誕生し、この新たな埋葬文化は、あっという間に各地に伝播《でんぱ》していった。四世紀には東北南部の福島県会津若松市付近にまで到達している。

前方後円墳の完成がヤマト朝廷の誕生を暗示しているとされるのは、ヤマトだけではなく、周辺の地域で前方後円墳を受け入れていくからなのだ。その前方後円墳が纒向遺跡で完成した意味は、けっして小さくはない。

また、これはすでに触れたが、前方後円墳はヤマトの王家の強さの象徴ではなく、西日本各地の埋葬文化を寄せ集めて造られているところから、ヤマトの王が多くの首長層の総意のもとに擁立《ようりつ》されていた可能性を高めていた。

四隅突出型墳丘墓の典型・妻木晩田遺跡（鳥取県）

ちなみに、前方後円墳は、次のような要素から成り立っているのではないか、と考えられている。まず、吉備《きび》（現在の岡山県から広島県東部）の影響力が最も大きかったようだ。特殊器台《とくしゅきだい》と壺による首長霊祭祀《しゅちょうれいさいし》という埋葬文化の「心臓部」は、吉備からもたらされている。次に前方後円墳の「方」の部分は、山陰地方から北陸にかけて広がっていた四隅突出型墳丘墓《よすみとっしゅつがたふんきゅうぼ》の四隅の出っ張りが、前方後円墳の堀はヤマトの方形周溝墓《ほうけいしゅうこうぼ》の「溝《みぞ》」が、豪奢《ごうしゃ》な副葬品は北部九州の埋葬文化が取り込まれたのだろうとされている。

そして、前方後円墳を生み出した纏向遺跡には、埋葬文化だけではなく、各地の土器も続々と集まってきていた。ここに、纏向遺跡の重要性のひとつの鍵が隠されている。

さらに、纏向にもっとも強い影響を及ぼしていたのが瀬戸内海の雄・吉備と、山陰の雄・出雲《いずも》であったところに、もうひとつの問題が隠されている。

◆なぜ神話の出雲が纏向にやってきたのか

ここで特に強調しておきたいのは、「出雲の活躍」なのだ。

出雲といえば神話を思い浮かべる方が少なくないだろう。記紀《きき》神話の三分の一は出雲に割《さ》かれているからだ。しかも、「人間くさい」物語が出雲神話には綴《つづ》られているから、どこか牧歌的なイメージがつきまとう。

ただし、出雲が神話で活躍していたのに、「出雲は実在しなかった」というのがかつての常識だった。出雲の地から、神話に見合うだけの遺跡が、ほとんど発掘されていなかったから、当然、出雲神話は八世紀の朝廷の創作にすぎないと切り捨てられていたのだ。ところが、纏向遺跡の発掘調査によって、ヤマト建国に「まぼろしの出雲」が大いに関わっていた可能性が出てきてしまったわけである。

じっさい、出雲を中心とする山陰地方でも、「出雲はそこにあった」ことを裏付ける遺

出雲と邪馬台国の関係とは？（出雲大社）

物がどんどん発見されている。「そこにあった」どころか、「出雲は弥生《やよい》時代後期、大いに発展していた」ことがはっきりとしてきたのである。

つまり、纒向遺跡は、邪馬台国論争の行方を左右する重要な遺跡であるとともに、これまでほとんど「歴史」とみなされてこなかった「出雲」を再発見させてくれる遺跡となったわけである。

また、三世紀のヤマト建国に出雲や吉備が関わっていたこと、しかも邪馬台国の時代と重なっていたとなると、邪馬台国論争に、これまでほとんど無視されてきた出雲や吉備という要素を織り込まなければならなくなってきたわけである。

では、出雲と邪馬台国の間に、なにかしらの接点を見出すことはできるのだろうか。そして、出雲が邪馬台国の謎を解き明かすヒントを抱えているのだろうか。

16

邪馬台国論争の忘れもの

◆いよいよ邪馬台国《やまたいこく》の謎を解いていこう

邪馬台国論争の今日的状況がだいたいわかったところで、いよいよ邪馬台国の謎をここで解き明かしてしまおう。

簡単なことなのだ。これまで邪馬台国論争がどうやっても解けなかったということは、どこかに決定的な過《あやま》ちがあったからだろう。それは何かといえば、歴史の目撃者の証言をあまりに軽んじてきたことなのだ。

「だが、邪馬台国について記された唯一の『魏志《ぎし》』倭人伝《わじんでん》を、みんな軽視するどころか、血眼《ちまなこ》になって解読してきたではないか……」

そう思うのは当然のことだ。だが、ここにいう「歴史の目撃者」とは、もっとも近い場所から邪馬台国を見ていた人だ。『魏志』倭人伝の著者は「伝聞」をもとに、日本の様子を記している。だがこの時、邪馬台国を直《じか》に見ていた人びと、つまり、日本列島で暮らす人びとが邪馬台国の歴史を語り継いでいたはずなのだ。その、もっとも身近な証言を、われわれは見落としてきたのである。

「そんなものどこにある？」

目の前にあるのに気づかないだけだ。それは『日本書紀《にほんしょき》』である。

「神話は事実」という戦前の歴史教育への反発も手伝って、戦後の史学界は、まず神話を「絵空事《えそらごと》」と、ばっさり切り捨てた。さらに、神武東征《じんむとうせい》など、内容が「美化」されすぎていたり、年代観がいい加減で、話があいまいで矛盾に満ちた六世紀以前の『日本書紀』の記述もあてにならないと、決めつけてしまった。つまり、八世紀の朝廷は、七世紀から後の事実を正確に把握していたとしても、それ以前の状況については、ほとんど分かっていなかったと考えるようになってしまったのだ。これは、日本における文字の使用がかなり遅く、だからはっきりとした記録は残っていなかったのだろう、という判断でもあったのだ。

◆古い歴史を『日本書紀』は知らなかったというのは本当か

ところが……。どうにも腑《ふ》に落ちないのは、『日本書紀』のヤマト建国をめぐる記述なのだ。後にふたたび触れるように、『日本書紀』はヤマトの初代王は二人いたと記している。しかも両者は別人ではなく、同一人物を二人に分けてしまったようなのだ。これはいったい何を意味しているかというと、『日本書紀』は三世紀のヤマト建国の詳細を知っていて、熟知していたからこそ話を分解、改竄《かいざん》し、真相を闇に葬ってしまったのではないかと思える節がある。

だいたい、文字がないと歴史は残らないというのは間違いで、人間が政治的な活動をはじめ、血で血を洗う抗争が起きれば、敗れた側は、この悲劇と敵の非を、かならず後世に伝えようとした。逆に、勝者も、自らの正統性・正当性を証明するために、独自の弁明を用意したはずである。歴史は、文字があるから残るのではなく、「恨みつらみ」があるから語り継がれるものだということを、まず肝に銘じなくてはならない。だから、六世紀以前の『日本書紀』に歴史は残されていないという考えは、せっかくの貴重な証言を無駄にすることになるのだ。記述があやふやなのは、後世に残したくない歴史を、八世紀の朝廷が湮滅《いんめつ》してしまったからかもしれないのである。

たとえば、「ヤマト纒向《まきむく》遺跡に参画した出雲《いずも》」という考古学側からの指摘は、『日本書紀』の歴史改竄という事実を、われわれに突きつけているように思える。出雲は実在し、しかもヤマト建国に大いに活躍していたのに、『日本書紀』は「出雲は神話。歴史時代とは関係ない」と白《しら》を切ったわけである。

『日本書紀』が完璧に出雲について書かなかったのなら、本当に八世紀の朝廷が三世紀の

ヤマトの三輪山では、なぜか出雲神を祀っている

歴史を知らなかったという想定も可能だ。ところが、出雲の歴史を神話の世界に封印してしまったのだから、これは『日本書紀』の「苦肉の策」以外の何物でもあるまい。とすれば、ヤマト建国や邪馬台国の謎は、『日本書紀』のついた嘘と歴史改竄のトリックを逆手に取り、『日本書紀』は何を隠してしまったのか、裏側から探っていくことで、明確になってくるように思えてならないのである。

そこで次に、『日本書紀』がじっさいにはヤマト建国の詳細を熟知していた可能性を、考古学の「物証」から見つめ直してみたい。

17

邪馬台国とヤマト建国の秘密を解き明かすための大前提

◆初代王が二人いる謎

八世紀の朝廷が三世紀の邪馬台国《やまたいこく》やヤマト建国を熟知していて、だからこそ史実を抹殺してしまったのではないかと思うのは、しっかりとした理由があるからだ。『日本書紀《にほんしょき》』は、どうしたことか「初代王」が二人いたと記録しているが、二人の活躍と考古学を照らし合わせると、考古学の指摘するヤマト建国の様相そのものになってしまうのである。

では、『日本書紀』のどこに、二人の初代王が登場していたのだろう。

『日本書紀』は初代神武《じんむ》天皇と第十代崇神《すじん》天皇の二人を「ハツクニシラス天皇《すめらみこと》（初めてこの国を治めた天皇）」と称えている。

一説に、本来両者は同一の人物で、皇室の歴史を古く見せかけるために、『日本書紀』の編者が神武天皇という偶像を造ってしまったのだろうとする。

その証拠に、神武天皇の記述は、最初と最後が残されているだけで、真ん中がぽっかりと空いている。崇神天皇はその逆で、二人を重ねると、ちょうど一人の人物の記述になるというのだ。

なぜこのような手の込んだカラクリを、『日本書紀』は用意したのだろう。

それは通説のいうような、「歴史を古く見せかけるため」などという「牧歌的」な理由ではなく、三世紀の邪馬台国やヤマト建国の歴史を抹殺する必要が八世紀の朝廷にあったからとしか思えないのだが、なぜそう思うのかは後に触れるとして、ここではまず、二人の初代王にまつわる『日本書紀』の記述と考古学の指摘が、ぴったりと重なってしまうという話をしておこう。

◆二人の初代王とヤマト建国のつながり

神武と崇神、二人合わせて一人だったという説は一般的にもよく知られていると思う。問題は、二人の行動と考古学の指摘するヤマト建国が合致してくることなのだ。つまりこのことは、「初代王」の歴史に果たした役割を『日本書紀』がよく知っていたことを証明している。それどころか、八世紀の朝廷が邪馬台国のありかを抹殺していた可能性も出てくるわけである。

それでは、『日本書紀』のどこに、「考古学の指摘するヤマト建国」とそっくりな話が出てくるというのだろう。

まず神武の場合、神武がヤマトに向かう以前、すでに饒速日命《にぎはやひのみこと》なる者が、いずこからともなくヤマトに舞い降りていて君臨していたという。また、まだ出雲《いずも》の国譲りの直前だから神話の時代になるが、出雲神・大物主神《おおものぬしのかみ》が、ヤマトに移し祀《まつ》られている。

これらの説話は、文物が纒向《まきむく》に集まってきた順番を言い当てている。纒向にはまず、出雲や吉備《きび》、さらに北陸や東海の土器や埋葬文化が続々と集まってきて、「九州は最後」だった。これは、出雲神・大物主神や饒速日命が、まずヤマトに移り住んだという『日本書紀』の記述とそっくりだ。そうなると、神武東征を、単なる創作と切り捨てることはできなくなる。

いっぽう崇神天皇にも、同様な符合がある。

崇神天皇が「ハックニシラス天皇」と称賛されたのは、日本各地に将軍を派遣し（四道《しどう》将軍）、国家の安定を築いたからなのだが、東海と北陸を通って東に向かった二人の将軍は、東北南部の会津若松市付近で落ち合ったという。

問題は、四世紀の前方後円墳《ぜんぽうこうえんふん》の広がりが、まさに会津若松市付近を北限にしていることで、この話も、まったくの机上の空論ではなかったことになる。

このように、二人のハックニシラス天皇（初代王）が本来は同一人物であったことは、これらの考古学の指摘からも証明できるのである。また彼ら（本当は彼）の行動が、ヤマ

神功皇后を祭神とする気比神宮(福井県敦賀市)

ト建国の考古学と重なるのなら、八世紀のヤマト朝廷が、邪馬台国とヤマト建国の歴史を知っていて、だからこそ、歴史に手を加えて、話をわざと分からなくしてしまった疑いは、強くなる一方なのである。

逆にいうと、『日本書紀』の嘘を見破れば、邪馬台国の謎も解けてくるはずである。

そこで次節では、『日本書紀』に記された邪馬台国記事に注目してみよう。それは「神」の名を冠する応神《おうじん》天皇の母で、やはり「神」と謳《うた》われた(恐れられた?)神功皇后《じんぐうこうごう》の摂政《せっしょう》時代のこととして記録されている。

18

邪馬台国の最大のヒントは『日本書紀』に眠っていた

◆神功皇后摂政紀《じんぐうこうごうせっしょうき》に挿入された邪馬台国《やまたいこく》記事

神功皇后がヤマトを統治していた時代の三十九年、四十年、四十三年の『日本書紀《にほんしょき》』の記事に、「倭《わ》の女王が魏《ぎ》に使いを遣わし魏に朝献《ちょうけん》した」といった『魏志《ぎし》』倭人伝《わじんでん》の記事がそっくり引用されている。

これはどういう意味があるかというと、八世紀の朝廷は邪馬台国の卑弥呼《ひみこ》を神功皇后に比定していたということになる。

では、神功皇后という人は何をした人なのだろう。『日本書紀』に従えば、夫で第十四代の仲哀《ちゅうあい》天皇とともにクマソ征伐のために九州に赴き、夫の死後北部九州を制圧すると、男装して船団を率い海を渡り、新羅《しらぎ》を屈服させた。凱旋後九州で応神《おうじん》を産み落とすと、政敵の待ちかまえるヤマトにとって返し、蹴散らし、摂政となって六十九年間君臨したという異色の女傑《じょけつ》である。

もっとも通説は、神功皇后が架空の存在だったと決めつけている。しかも、ヤマト建国時の実在の大王は第十代崇神《すじん》天皇というのが常識になっているから、もし仮に神功皇后が実在したとしても、第十五代応神天皇の母なのだから、四世紀後半の人物ということになる。したがって、邪馬台国とは時代がまったくあわない。そこで、『日本書紀』の編者が神功皇后の記事の中に『魏志』倭人伝の記事を引用しているのは、「邪馬台国の歴史が分からないから、神功皇后の時代に無理矢理押し込んでしまった」ぐらいの認識しかないようだ。

ところが、神功皇后という人は不思議な人で、北部九州や中国地方で、あたかも本当にそこにいたかのような伝承が多く、しかも特筆すべきは、海神《わたつみ》の娘「トヨ」と接点が見いだせることなのだ。伝承だけではなく、神功皇后の足跡をなぞるように、「豊比咩《とよひめ》」なる女神が祀《まつ》られている。ここにいう「トヨ」で思い浮かべるのは、邪馬台国の卑弥呼の宗《そう》女《じょ》・トヨ（台与）であり、ここに、神功皇后の謎がはじまる。

◆山門《やまと》の女首長を滅ぼしたヤマトのトヨ？

通説は神功皇后を「七世紀の飛鳥《あすか》の女帝をモデルにして創作された架空の存在」と短絡し、邪馬台国解明のもっとも重要なヒントを、これまで無駄にしてきたのだ。『日本書紀』によれば、神功皇后は、筑後《ちくご》川の北側の首長層の恭順《きょうじゅん》を引き出すと、甘木《あまぎ》市付近に陣を張り、一気に山門郡の女首長を討ち滅ぼしたのだという。

山門郡は邪馬台国北部九州説の最有力候補地であり、邪馬台国があったかもしれない地「ヤマト（山門）」の女首長を、「ヤマト（大和）」の神功皇后が討ち取ったという話があり、さらに神功皇后は「トヨ」とつながっているのだから、ひとつの仮説を生み出す。

ここで思い出されるのが、江戸時代に本居宣長《もとおりのりなが》が唱えた「邪馬台国偽僭説《ぎせんせつ》」だ。この当時の西日本の中心は畿内のヤマトにあったのに、北部九州の女酋《じょしゅう》が勝手に魏に朝貢し、「ヤマト」を称してしまったという考えだ。

偽僭説を採れば、なぜ『魏志』倭人伝の北部九州海岸地帯から邪馬台国までの行程があいまいに記されていたかもはっきりとする。女酋＝卑弥呼の取り巻きにすれば、邪馬台国の位置はなるべく魏には知らせたくなかったのだ。なぜなら、本当の「ヤマト（邪馬台国）」は、九州ではなく、瀬戸内海の先にあったからだろう。

もうひとつ、偽僭説は、邪馬台国論争解決の鍵を握っている。偽僭説を「山門の女首長殺し」に当てはめれば、次のようなストーリーが読めるからだ。「山門の卑弥呼」が「親魏倭王《しんぎわおう》」の称号を獲得してしまったことに危機感を抱いたヤマトが、トヨ（神功皇后）を北部九州に派遣して、卑弥呼成敗をやってのけ、トヨは卑弥呼の宗女（一族の女）だったと今度はこちらが偽称して、魏から正統な王家と認められたのではなかったか。

19

神功皇后と考古学のつながり

◆ヤマト建国直前の山陰地方の勃興《ぼっこう》

神功皇后《じんぐうこうごう》の秘密を解き明かす鍵は、考古学が握っている。キーワードは「鉄」だ。

かつて、弥生時代の朝鮮半島からもたらされる「鉄」の流通は、北部九州が独占していたと考えられてきた。特に、弥生時代後期になると、畿内《きない》の鉄は枯渇してしまった。ところが、そのころの山陰地方には、大量の鉄がもたらされていたのだ。

これは何を意味しているかというと、どうやら北部九州は、関門海峡を封鎖して、瀬戸内海に鉄が運ばれるのを邪魔したようなのだ。だから、山陰地方（神話にいうところの出雲《いずも》）が急激に成長したということになる。

ヤマト建国が、関門海峡を通らずにヤマトに鉄をもたらすことのできる吉備《きび》と出雲の強い影響によって成し遂げられたのも、このような背景があったからだろう。

問題は、三世紀に纒向《まきむく》に各地の土器が集まりはじめたとき、出雲はいっぽうで北部九州に向けて、「纒向」に勃興した新たな潮流を発信していた、ということなのだ。

そしてヤマト建国直前のこの時期、出雲、北部九州双方に通交があったようで、出雲の仲立ちによって、少なくとも北部九州の沿岸地帯は、比較的早い段階で「纒向」を受け入れ、原初的な前方後円墳《ぜんぽうこうえんふん》（纒向型という）を受け入れていったことが分かる。

じつは、このようなヤマト建国前夜の北部九州と出雲の関係が、神功皇后の行動と瓜二つなのだ。というのも、まず、神功皇后ははじめヤマトから瀬戸内海というルートではなく、「出雲」の勢力圏の日本海を通って北部九州に入っている。さらにこのとき、神功皇后の一行に恭順してきた北部九州の首長たちの領域は、まさに纒向型の前方後円墳の分布とほぼ重なっているのだ。

これは偶然ではあるまい。神功皇后が筑後《ちくご》川の向こう側の「山門《やまと》の女首長」を倒すために甘木《あまぎ》市付近に陣を敷いたのも、纒向型前方後円墳を拒絶した筑後川の南側の地域との対立という図式とぴったりとあってくる。

◆高良山《こうらさん》と日田《ひた》が謎を解き明かす

これまでの邪馬台国論争に欠けていたものは、『日本書紀』の邪馬台国記事と北部九州の戦略上の致命的な欠陥を忘れていたことである。

地図を開けば一目瞭然である。北部九州の利点は、朝鮮半島に近いということ。だか

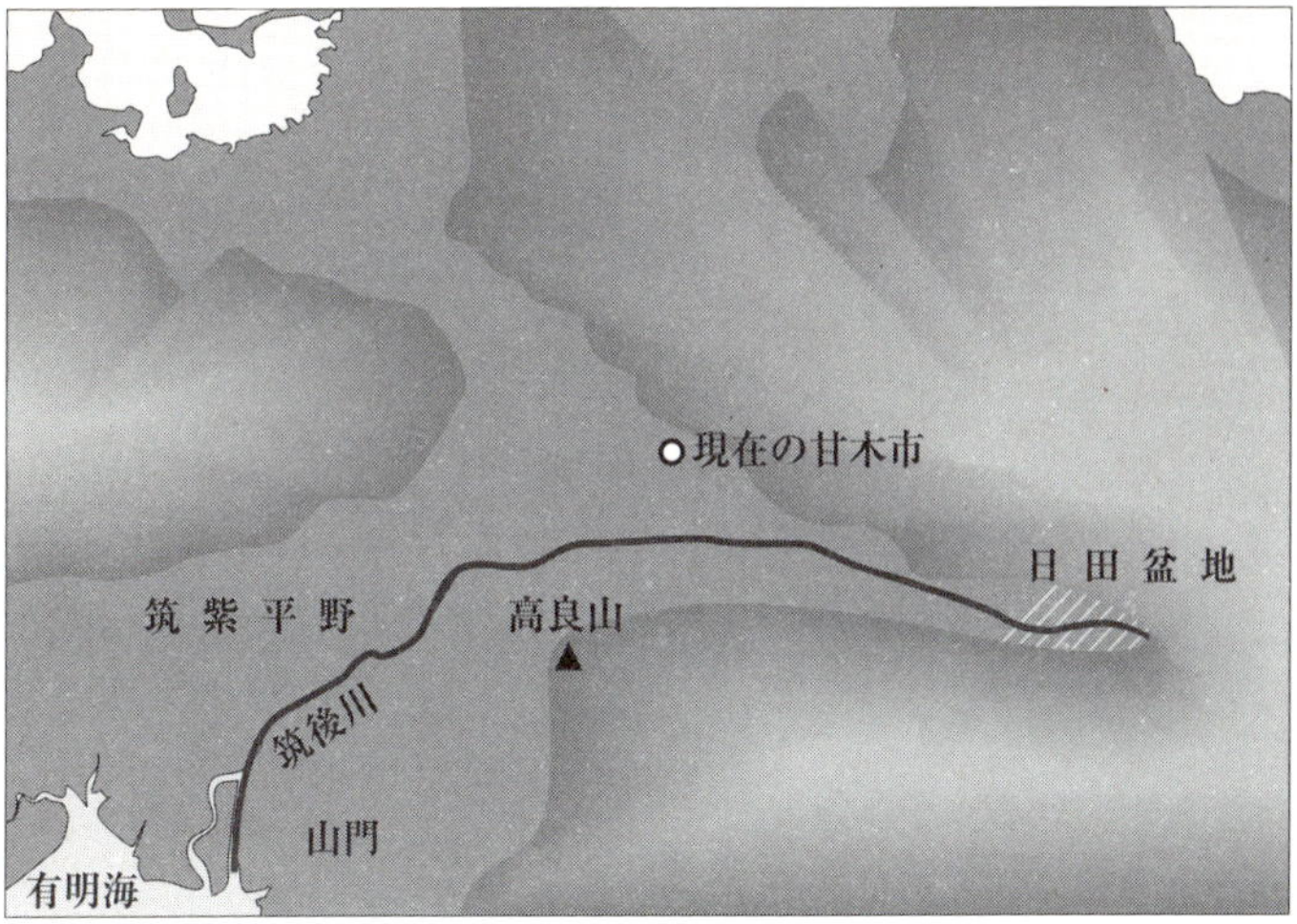

ら、福岡市付近の海岸地帯が発展するのは当然であり、邪馬台国が筑後川の北側の、しかも沿岸部に近いところにあったのではないかとする説が根強いのは当然のことだった。ところが、邪馬台国が成立する前後の争乱状態を思うとき、沿岸部に都を置くことは、自殺行為に等しかった。

もう一度地図をひろげてほしい。北部九州を防衛する上での致命的なネックがある。それが筑後川の上流、大分県日田市の盆地なのだ。ここを東側の勢力に取られれば、北部九州の勢力は背中にナイフを突きつけられたようになって、身動きが取れなくなる。筑紫《つくし》平野から攻めても、難攻不落の天然の要害だから厄介だ。

じっさい、日田の盆地を見下ろす高台に

は、纏向遺跡とまったく並行して、政治と宗教の環濠《かんごう》集落が造られ、ヤマトや山陰の土器が集まっている。つまり、「纏向」は北部九州の最大の弱点を見破り、しっかりと手を打っていたわけだ。江戸時代、幕府は北部九州のかなめに日田を選び、ここを天領にしている。戦略的に見た日田の地の利に、現代人よりも昔の人の方が敏感だったのだ。

こうなってしまえば、北部九州沿岸地帯の首長層は、いち早くヤマトに恭順するか、あるいは筑後川下流域の久留米《くるめ》市に屹立する高良山に軍事拠点を築いて死守するほか手はなくなる。

じつはこの高良山こそ、日田に次ぐポイントとなってくる。

六世紀の有名な「磐井《いわい》の乱」は、この一帯で最終決戦が行われ、中世になっても、高良山は筑後川流域を支配するためのツボとなった。「天下の天下たるは高良の高良たる所以《ゆえん》」という言葉まであるほどだ。

じつは、邪馬台国の最有力候補地「山門」というのは、高良山のさらに南西部で、北部九州の沿岸部や日田を敵に取られたとき、高良山と連繋して防衛するにもっとも適した地形なのである。

こうして見てくれば、神功皇后の行動の真意がつかめてくるはずなのである。

20 神功皇后と蘇我氏のつながり

◆なぜ『日本書紀』は神功皇后《じんぐうこうごう》に冷淡なのか

新羅《しらぎ》征討を果たした神功皇后は、帰国後博多のあたりで応神《おうじん》を産み落とすと、ヤマトの政敵を蹴散らして政権を獲得したという。この『日本書紀《にほんしょき》』の記事を信じれば、神功皇后は歴史の勝者であり、また私見をこれに当てはめれば、この女傑は邪馬台国《やまたいこく》の卑弥呼《ひみこ》を殺し、親魏倭王《しんぎわおう》の称号を獲得してヤマトに凱旋したことになる。

ところが、ここから話は奇妙なことになってくる。まず第一に、『日本書紀』は神功皇后を「摂政《せっしょう》」といい、即位していたとはいっていない。六十九年もの間、子の応神に王位を継承させないまま、女性摂政が君臨していたというのだ。

奇妙な話はもっと続く。平安時代、どうした理由からか、神功皇后は祟《たた》って出ている。祟りは、祟られる側にやましい気持ちがないと成立しないのであって、本来なら歴史の勝者であったはずの神功皇后ならば、祟る謂《い》われはなかったのだ。

もうひとつ奇妙なのは、応神天皇と神功皇后を祀《まつ》る大分県宇佐《うさ》市の宇佐神宮の特殊神事なのだ。この神社の特殊神事には、いくつもの謎が秘められている。

まず行幸会《ぎょうこうえ》では、御神体の「薦枕《こもまくら》」を「竜宮《りゅうぐう》に返すため」という理由で海に流す。すると潮に乗ってかならず東に向かって漂うのだという。それはまるで、祭神の望郷の念が、「ヤマト」に向けられているかのような設定ではないか。

なぜ北部九州からヤマトに向けて軍をすすめた神功皇后らを祀る神社で、「東に帰りたい」という意味を持たせた祭りをおこなったのだろう。

◆『日本書紀』が三世紀の歴史を抹殺してしまった意外な理由

もうひとつ奇妙なのは、放生会《ほうじょうえ》で行われる傀儡子舞《くぐつまい》という人形劇である。人形は東西二手に分かれて相撲《すもう》をとるが、東の勢いに西はさんざん敗れる。ところが、最後の最後に、「住吉《すみよし》さま」が現れ形勢は逆転。敵をばたばたとなぎ倒していく、というストーリーだ。

なぜここで「住吉さま」が登場するのかというと、少し説明が必要だ。

いうまでもなく神功皇后の夫は仲哀《ちゅうあい》天皇だった。ところが仲哀天皇は神の言うことに背《そむ》いたために、九州で変死（急死）している。じつを言うと大阪の住吉大社には、このとき住吉大神と神功皇后は、「夫婦《めおと》の秘め事」をした、と言い伝えている。応神が生まれた

住吉大神を祀る住吉大社・第三宮

のはこのあとだから、住吉大神は応神の父親になるということだろう。
ほとんど無視される伝承だが、これがバカにできない。というのも、神功皇后と応神天皇につねに付き従い、忠臣として名高い武内宿禰《たけのうちのすくね》が、住吉大神と多くの接点を持っているからだ（拙著『出雲神話の真実』PHP研究所）。
ここに出てきた武内宿禰とは、『古事記《こじき》』には蘇我《そが》氏の祖として描かれた人物だ。とするならば、神功皇后と住吉大神の密通という伝説の背後に、応神天皇の出生の秘密が隠されていたのではあるまいか。なにしろ、仲哀天皇が亡くなられた晩、神功皇后の脇には武内宿禰が控えていたからである。
住吉大神と武内宿禰が奇妙な接点を持って

いた理由を、私は武内宿禰が神格化され住吉大神になったからだと推理しているが、ではなぜ神功皇后と武内宿禰の「仲睦《なかむつ》まじい」関係が『日本書紀』や『古事記』の中で抹殺され、一方で住吉大社の伝承の中で細々と語り継がれてきたのかといえば、武内宿禰が蘇我氏の祖で、八世紀の朝廷が蘇我氏を滅ぼして政権を獲得したことと、大いにかかわりがあるだろう。

つまりこういうことだ。八世紀の朝廷は、三世紀の邪馬台国とヤマト建国の詳細を熟知していた……。そして、蘇我氏の祖が大活躍していたからこそ、真相を闇に葬る動機が備わっていたと考えられる。だから『日本書紀』は、武内宿禰が蘇我氏の祖であったかどうかも「黙秘」し（蘇我氏の祖が誰だったのか、『日本書紀』はなにも語っていない。これは普通ならありえないことなのだ）、その上で、邪馬台国とヤマト建国の歴史を、神武《じんむ》、崇神《すじん》、応神の三つの時代に振り分けてしまった……。しかもご丁寧に、武内宿禰も（1）塩土老翁《しおつつのおじ》（2）住吉大神（3）武内宿禰と、三つの人格（神格？）に分けられてしまったということになる。すべては、八世紀の朝廷の「蘇我憎し」の思いから出た歴史改竄《かいざん》であろう。ここに、邪馬台国の謎を解くための、意外な鍵が隠されていたわけである。

では、このような推理をどうすれば証明できるだろうか。ヒントはなんといっても、神功皇后らが「祟《たた》る」と考えられていたことである。

日本書紀が神功皇后に冷淡な理由とは？

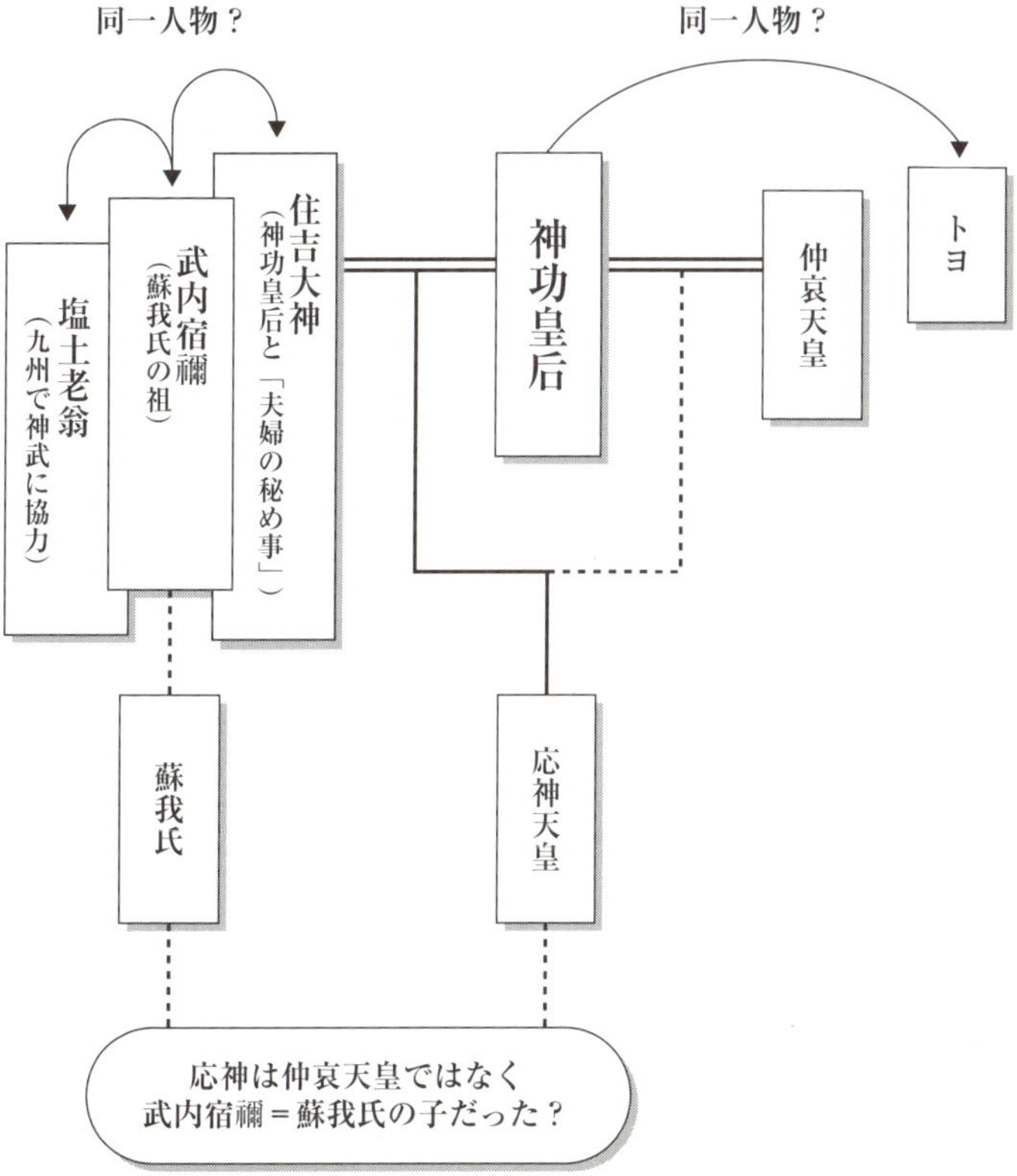

21

なぜ天皇家の祖は南部九州に舞い降りたのか

◆八世紀の朝廷は本当に邪馬台国《やまたいこく》を熟知していたのか

『日本書紀《にほんしょき》』は邪馬台国とヤマト建国の歴史を知っていて、だからこそ真相を抹殺してしまったのではないだろうか。ここで鍵を握るのは、天孫降臨《てんそんこうりん》神話と「トヨ」である。

さて、ヤマト建国は神武《じんむ》天皇が南部九州の日向《ひむか》からヤマトに向かったことによって成し遂げられたと『日本書紀』はいう。では、なぜ神武が南部九州にいたのかといえば、祖神《そしん》が高天原《たかまのはら》から高千穂峰《たかちほのみね》（おそらく宮崎県と鹿児島県の県境の霧島山《きりしまやま》であろう）に舞い降りていたからだという。これが天孫降臨神話だ。

これまで、この神話は、「絵空事《えそらごと》」としてまともに取りあげられることはなかった。だが、ひとつ気になることがある。

天孫降臨の主役のひとりは天照大神《あまてらすおおみかみ》で、孫に地上界を支配させたいという願いが天孫降臨のテーマだった。この女神ははじめ、大日孁貴《おおひるめのむち》という名で神話に登場している。孁の字を分解すると、「巫女」となり、大日孁貴は「大日巫女《おおひみこ》」となって、これは邪馬台国の卑弥呼《ひみこ》（日巫女《ひのみこ》）と同一ではないかという考えは、かなり広く認知されている。『日本書紀』の編者は、『魏志《ぎし》』倭人伝《わじんでん》を読んでいたのだから、卑弥呼の名を知っていたことは当然だ。もちろん、魏に正式に認められ、倭国《わこく》の歴史の一ページを華やかに飾った女人《にょにん》であるならば、卑弥呼を神格化した可能性は高い。ただし、ここに大きな謎が隠されている。というのも、天照大神を祀る伊勢神宮の内宮《ないくう》には天照大神が、外宮《げくう》には豊受大《とようけのおお》神《かみ》なる女神が祀られる。ところが、『日本書紀』は外宮の大切な祭神を、まったく無視してしまっている。しかも、豊受大神が「トヨ」の名を冠しているところがミソなのである。

『日本書紀』の編者にとって「トヨ」の存在が邪魔で仕方なかったから、「卑弥呼」を天照大神と持ち上げる一方で、「トヨ」を邪険《じゃけん》に扱ったということではなかったか。つまり、『日本書紀』はトヨが何者だったのか、よく知っていたからこそ、正体を明かそうとはしなかったのではあるまいか。

◆天孫降臨はなぜ南部九州なのか

『日本書紀』にはもうひとつ、謎がある。それは、神話がまったくの絵空事ならば、なぜ『日本書紀』は、天皇家の祖を、高天原から直接ヤマトに降臨させず、南部九州という辺《へん》鄙《び》な場所にわざわざ住まわせたのか、ということだ。天皇家の歴史をきらびやかで正統なものに飾り立てるための神話なら、なぜヤマトや北部九州ではなく、よりによって南部九州だったのだろう。

ここでもうひとつ、不思議な話を紹介しておこう。

神武天皇が日向にいたとき、「東に国の中心に相応《ふさわ》しい土地があります」と報告し、神武をヤマトに誘ったのは塩土老翁《しおつつのおじ》であった。いっぽう応神は、つねに武内宿禰《たけのうちのすくね》に守られて、九州からヤマトに向かった。塩土老翁が「老人」であるのに対し、武内宿禰も老人のイメージがつきまとっている。とすれば、二つの話は瓜二つだったことになる。それもそのはず、塩土老翁とは住吉大神《すみよしのおおかみ》の別名で、ようするに武内宿禰と同一人物なのである。

ただ二つの話では、同じ九州でも出発点が異なる。これはなぜだろう。

ここで次の仮説が用意される。

天孫降臨神話は、高千穂峰に舞い降りた皇祖神《こうそしん》は、丘づたいに野間岬《のまみさき》（薩摩半島南西部）にたどり着いたという。「高千穂への降臨」は間違いなく神話であろう。人間が山の頂に突然現れるわけはないからだ。ならば、本当の降臨地は野間岬だったということになる。

どうしてもひっかかるのは、北部九州の戦略上の要衝が高良山《こうらさん》であったとした場合、ここをヤマトに攻められ敗れたら、どこに逃げるか、という問題である。これも地図を開い

天孫降臨神話の地・霧島

てもらえれば、多くの説明を必要としない。筑後《ちくご》川から船に乗り有明海に出たあと、南方に進むと安全でスピーディな航海が可能な多島海が広がっていて、その先に飛び出した岬が、まさに野間岬だったのである。

これはいったい何を意味しているのだろう。野間岬は神話の作者に偶然選ばれたのではなく、かつて高良山を追われた何者かが、野間岬に流れ着いたという伝承が語り継がれていたのではあるまいか。

そしてもちろん、神功皇后や武内宿禰、そして応神《おうじん》が、実際にはヤマトに裏切られ、北部九州を追われ、この地に逃げてきたのではないかと疑っているわけである。

22

ヤマト建国のスパイラル

◆神の名のつく天皇の秘密

天孫降臨《てんそんこうりん》の設定の謎を解き明かすには少し遠回りが必要だ。

ここで「神」の名を冠する三人の天皇（神武《じんむ》、崇神《すじん》、応神《おうじん》）が重要な意味を持ってくる。すでに触れたように、この三人は、「神のような偉業をなした者」ではなく、「祟《たた》る鬼」とかかわりを持っていたと指摘しておいた。では、なぜ「初代王」は祟る恐ろしい人と考えられたのだろう。そして、その恐ろしい人を、なぜヤマトは迎え入れて擁立《ようりつ》する必要があったのだろう。

第十代崇神天皇の時代、疫病が蔓延し人口は半減、人びとは土地を手放して放浪し、不穏な空気が流れたという。占ってみると、出雲神《いずもしん》・大物主神《おおものぬしのかみ》の意志だということが分かった。そして、「私の子を連れてきて私を祀《まつ》らせれば、世は平穏を取り戻すだろう」というのだ。神託《しんたく》どおりにしてみると、そのとおりになった。『古事記《こじき》』は、これを、大物主神の祟りだったとしている。

すでに触れたように、この崇神天皇をモデルに神武天皇が考え出されたとする説が根強く、私見もこれを支持する。しかしそれにしても神武は祟る王で、崇神は祟られる王と、まったく正反対の役割を演じているのはいかにも不審だ。なぜこのような矛盾が起きているのだろう。

ようするにこういうことだろう。神武と崇神の姿は、そのままヤマト建国前後のヤマトの混乱と祟る王の擁立を説話化したものだったということだ。つまり崇神は、ヤマトの状況を、神武はヤマトに迎え入れられる王の立場を代弁していた、ということだろう。つまり、『日本書紀《にほんしょき》』は、本来ひとつの話だったものを、神武と崇神の二人の王の話に分解してしまったことになる。

◆祟りが生み出したヤマトの王家

二つに分けられた話なら、三つに分けられていても、驚くことはない。もうひとりの「神」の名をもつ王・応神も、神武や崇神と同一の時代だったのではあるまいか。

なぜそう思うかというと、根拠のひとつは、すでに触れたように、神武をヤマトに招いたのが塩土老翁《しおつつのおじ》であったこと、応神をヤマトに導いたのが武内宿禰《たけのうちのすくね》で、塩土老翁と武内宿禰が同一人物であった可能性が高いことだ。

それだけではない。神武天皇の母は「海神《わたつみ》の娘」だが、応神天皇の母・神功皇后《じんぐうこうごう》や「トヨ」も、異常なほど海の神とつながりを持っている。しかも、神武の祖母も海神の娘で名を「豊玉姫《とよたまひめ》」という。神武と「海」の結びつきは強かったのだ。いっぽう神功皇后や応神天皇を守り、神功皇后と「夫婦《めおと》」になったという住吉大神《すみよしのおおかみ》も、日本を代表する海の神だった。神武も応神も、「海神」に守られた「トヨの子」だったことになる。

ここで改めて注目されるのが、宇佐《うさ》神宮の特殊神事、傀儡子《くぐつ》の舞なのだ。

この祭りの中で、「西」が「東」に敗れたのに、なぜ最後に「西」の住吉大神に大暴れさせ、勝たせるのかといえば、住吉大神が実際には敗れていて、だからこそ祟って出ないように、祭りのなかで暴れていただくということだろう。

神功皇后と、その夫？あるいは応神の父かもしれない住吉大神が、九州の地で「祟る神」と考えられていた意味を無視することはできない。ここに、なぜヤマト建国の直前、ヤマトが祟りに悩まされたのか、なぜ鄙《ひな》びた日向《ひむか》に落ちぶれていたであろう神武が、ヤマトの王に立つことができたのか、すべての謎が隠されていたとはいえないだろうか。

つまりこういうことだ。一度は北部九州を支配することに成功した神功皇后であったが、ヤマトはこれが邪魔になり、裏切ったということではなかったか。その証拠は、次節で触れるように、やはり『日本書紀』に残されている。

23

邪馬台国を解く意外すぎるヒント

◆ヤマトに裏切られていた武内宿禰《たけのうちのすくね》

応神《おうじん》天皇九年夏のこと、『日本書紀《にほんしょき》』には次のような記事が載っている。それによれば、九州の筑紫《つくし》に遣《つか》わされていた武内宿禰が、弟の讒言《ざんげん》（嘘の訴え）で謀反《むほん》の嫌疑をかけられたという。弟の名は甘美内宿禰《うましうちのすくね》といい、武内宿禰が朝鮮半島南部の国々と手を組んで、ヤマトの王権を討ち滅ぼそうとしている、というのだ。

このとき武内宿禰にそっくりな「真根子《まねこ》」という人物が身代わりになって、かろうじて武内宿禰は救われたが、どうにもこの話、ひっかかるものがある。というのも、この武内宿禰の置かれた状況だが、ヤマト建国直前の争乱を、『日本書紀』が「武内宿禰と甘美内宿禰の兄弟喧嘩」という事件に矮小《わいしょう》化してしまったのではないかと思えてならないからだ。

なぜそう思うのか、武内宿禰や神功《じんぐう》皇后らと朝鮮半島の関係を、まず、知っておく必要がある。

『日本書紀』によれば、神功皇后が朝鮮半島の新羅《しらぎ》を成敗したとき、周囲の国々は、神功皇后の威に圧倒され、みな恭順してきたという。「恭順」は舞文《ぶぶん》としても、朝鮮半島の国々が、神功皇后と手を組んだと捉《とら》え直すことができるはずだ。だいたい、神功皇后の母系の祖は、新羅王子だったと、『日本書紀』は記録しているぐらいだからだ。

そして、もうひとつ、神功皇后と朝鮮半島のつながりを想定しなければ、理解できないことがある。それは、仲哀《ちゅうあい》天皇と正妃の神功皇后との間の子が応神《おうじん》とすれば、なぜヤマトが、生まれたばかりの応神のヤマト入りに激しく抵抗したのかという疑問である。ヤマトは、神功皇后の存在に恐怖心を抱いていったのではなかったか。北部九州の武力平定のみならず、日本海を股にかけた大活躍、さらには朝鮮半島との結びつきが強まったとなれば当然のことだ（もちろん、この事態が、邪馬台国《やまたいこく》からヤマトへという過渡期に起きていたからこそ、ヤマトは疑心暗鬼になったと考えられるのだが……）。

◆なぜヤマト建国の歴史は抹殺《まっさつ》されてしまったのか

もうひとつ、武内宿禰の事件に関して、不思議な符合についてお話ししておかなければならない。それは、弟で武内宿禰を裏切ったという「ウマシウチ」には名前の「そっくりさん」がいることだ。

宇佐神宮には住吉大神にかかわる特殊神事が残る

『日本書紀』によれば、神武東征以前、ヤマトには饒速日命《にぎはやひのみこと》が降臨していたといい、その子供の名は可美真手《うましまでの》命《みこと》であったという。いっぽう『先代《せんだい》旧事本紀《くじほんぎ》』には、饒速日命の子の名は「宇摩志麻治命《うましまぢのみこと》」であったという。「ウマシウチ」と「ウマシマヂ」、この似通いは、果たして偶然だろうか。

　ウマシマヂは、神武東征に最後まで抵抗した長髄彦《ながすねひこ》の甥に当たる。ところが、神武がヤマトに迫ると奇妙な行動に出ている。というのも、ウマシマヂは神武に逆らう素振りをひとつも見せなかったばかりか、長髄彦を殺して、神武に差し出してしまったからである（『先代旧事本紀』）。

ここに、邪馬台国をめぐるこれまでの話を重ねてみると、ひとつの仮説が得られる。

武内宿禰を裏切ったのはウマシウチであったが、この話、ヤマト建国のあらすじをそのままなぞっていたのではなかったか。すなわち、武内宿禰や神功皇后を北部九州に差し向け卑弥呼《ひみこ》を討たせてみたが、期待以上の強さに恐怖し疑心暗鬼になったヤマトは、神功皇后たちを裏切った。神功皇后らは南部九州に逃れたが、後にヤマトは数々の災難に悩まされた。ヤマトはこれを、神功皇后たちの祟りではないかと考えたのではなかったか。

恐怖したウマシマヂは、神功皇后（トヨ）の忘れ去られた御子《みこ》を捜し出し、ヤマトの王に据《す》えようと考えた。これに対し、ヤマト土着の長髄彦は、徹底抗戦を主張し、ヤマトに亀裂が走った、ということになる。

もしこの推理が事実だったと仮定すると、最後にもうひとつ謎が浮かぶかもしれない。なぜ『日本書紀』は、このような邪馬台国からヤマト建国に至るいきさつを、歴史から抹殺する必要があったのか、ということだ。

答えは、意外なところにある。というのも、七世紀の飛鳥《あすか》の蘇我《そが》系の皇族たちが、「トヨ」と深くつながってくるからである。『日本書紀』を記した政権は、蘇我氏を滅ぼして政権を獲得した人たちだったから、ヤマト建国と蘇我の密な関係を、隠匿《いんとく》する必要があったのだろう。

一つの話が、三つに分けられた？

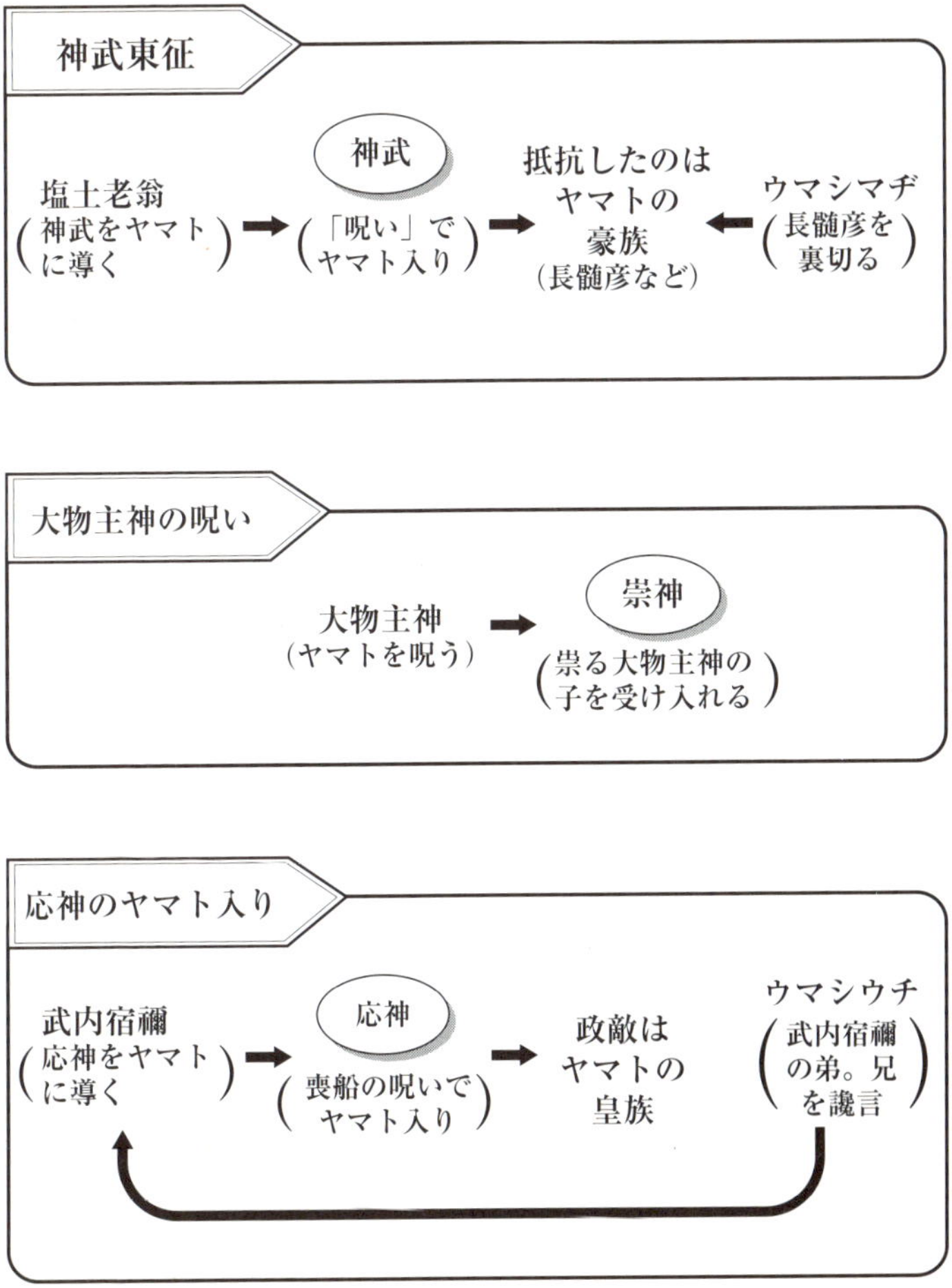
神武東征
塩土老翁（神武をヤマトに導く）
神武
（「呪い」でヤマト入り）
抵抗したのはヤマトの豪族（長髄彦など）
ウマシマヂ（長髄彦を裏切る）
大物主神の呪い
大物主神（ヤマトを呪う）
崇神
（祟る大物主神の子を受け入れる）
応神のヤマト入り
武内宿禰（応神をヤマトに導く）
応神
（喪船の呪いでヤマト入り）
政敵はヤマトの皇族
ウマシウチ（武内宿禰の弟。兄を讒言）

コラム　『日本書紀』が隠そうとしたある人物の正体

嘘というものは、連鎖し、膨張していくものだ。

最初についた嘘を守り抜くために、新たな嘘が生まれ、その嘘を貫き通すために、別の嘘が必要となる。嘘が嘘を呼び、結局論理は破綻するわけである。

古代史には謎が多いというが、それはひとえに、『日本書紀《にほんしょき》』の記述に矛盾が満ちあふれているからで、なぜあいまいで不誠実な記述が『日本書紀』に残されたのかといえば、歴史の勝者の書いた文書は、政敵をこき下ろし、「正義はこちら側にあった」と証明する必要があったからだ。そのためには、嘘をつかなければならない。なぜなら、完璧にこちらが正しかったのなら、わざわざ声を大きくし、文書を残す必要もないからだ。

つまり、古代史の謎の根源には、「『日本書紀』編者が最初についた嘘」があって、その嘘を塗り固めているうちに、「嘘ばかり集めた本」になってしまったというのが本当のところなのだ。

そして問題は、「最初の嘘」「真っ先に隠さねばならなかった事実」がどこにあったのかだ。これが分かれば、古代史は一気に解けてくる。

答えを先に言ってしまえば、それは「聖徳太子《しょうとくたいし》」なのである。

極論すれば、『日本書紀』は聖徳太子の正体を抹殺するために書かれた文書だったのだ。その真相を、次の章で明らかにしておかなければならない。

第三章 鏡に映した聖徳太子と蘇我入鹿

24

なぜ六世紀以前の日本の歴史は空白なのか

◆人物が登場しない不幸な歴史教科書

歴史の教科書を開いてみて改めてびっくりするのは、七世紀の聖徳太子《しょうとくたいし》以前、日本史にはほとんど「生きた人間」が登場しないことだ。邪馬台国《やまたいこく》の卑弥呼《ひみこ》を除いては、ほとんどが「考古学」や「法制度」にまつわる記述なのだ。これでは、「歴史嫌い」を学校で量産しているようなものだ。

なぜこのようなことになってしまったのかというと、答えははっきりしている。古代史を解明するための根本資料である『日本書紀《にほんしょき》』（七二〇年編纂《へんさん》）の六世紀以前の記述が、じつにあいまいで矛盾に満ちていることだ。結果、六世紀以前の歴史を再現することはできないという諦念《ていねん》が、史学界を支配してしまった。

たしかに、八世紀の段階で、どれほど正確な史料が残っていたのかといえば、じつに心許《こころもと》ない。文字が日本に入ってきたのもそれほど古くはなく、それ以前は「語部《かたりべ》」が口伝えに歴史を伝承していたからだ。また『古事記《こじき》』の序文には、この当時、すでに多くの文書の中で、真実は歪曲《わいきょく》されていて、だから今のうちに本当の歴史を書きとどめておかなくてはならない、という内容の記述が残されている。

これらを総合すれば、八世紀の段階で、まともな史料は残っていなかったのだという考え方が自然なのかもしれない。

だが、どうにも不審な点がある。『日本書紀』は七世紀の同時代史にも、多くの矛盾を抱え、信じがたい誤謬《ごびゅう》が隠されているからなのだ。

なぜこのようなことが起こりうるのだろう。それは、「都合の悪いところを誤魔化《ごまか》した」としか思えず、とするならば、六世紀以前の歴史についても、すでに触れたように、「知っていたからこそ抹殺した」「残すことができなかったから誤魔化した」と考えざるを得ない。

七世紀が怪しいのなら、六世紀以前の歴史記述も、疑ってかかる必要がある。『日本書紀』は歴史を知っていたからこそ、都合の悪い事実をすべて抹殺し、あるいは改竄《かいざん》してしまったのではあるまいか。

◆聖徳太子以前の歴史が空白なのはなぜか

八世紀の朝廷が、六世紀以前の歴史を知っていたのに知らぬ振りをしていたことは、

「聖徳太子」が証明してくれているのではあるまいか。

なぜこのようなことを言い出すのかといえば、まず第一に、『日本書紀』が聖徳太子を、必要以上に礼賛しているからにほかならない。

生まれながらに聖《ひじり》の風格があったとか、一度に十人の訴えを聞き分けたなどなど、古代史上、これほどまでに神聖視された偶像は、他に例をみない。なぜ歴史上聖徳太子だけが、これほど礼賛される必要があったのだろう。

ここで注意が必要なのは、聖徳太子が「在俗の人《ざいぞく》」だったことだ。聖徳太子は仏教導入に寄与していたのだから、いかにも「聖職者」であったかのような印象を受けるが、実際にはこの人物はまぎれもない「俗人」であり、血なまぐさい現実を生き抜かなければならない「政治家」でもあった。

聖職者でない者が、まるで聖者のように称えられる場合、たいがいは、ろくな死に方をしなかったことが多い。つまり、政敵に陰謀によって葬り去られ、手柄を横取りされた者が、死後祟《たた》って出ると信じられ、だからこそ歴史の中で礼賛され、「神」と崇《あが》められ方々《ほうぼう》で祀《まつ》られるわけである。

もっとも分かりやすい例は、平安時代の菅原道真《すがわらのみちざね》だろう。

平田耿二氏は『消された政治家菅原道真』（文春新書）のなかで、これまで語られるこ

菅原道真を祀る太宰府天満宮（福岡県太宰府市）

とのなかった祟る菅原道真の理由を、明快に解き明かしている。菅原道真は優秀な政治家で、制度疲労を起こしていた律令《りつりょう》制度を、抜本《ばっぽん》から改革しようと目論《もくろ》んでいた。そして、事業が成功するかと思えたその時、朝《ちょう》堂《どう》を牛耳《ぎゅうじ》る藤原一族が陰謀を用いて、道真を大宰府《だざいふ》に追い落とし、手柄を横取りしてしまったという。道真は九州の地で憤死した。

後に藤原氏ら道真抹殺に荷担した人びとは、みな奇怪な災《わざわ》いを受け、誰もが「菅原道真の祟り」に恐怖したのだった。だからこそ、道真は「神」となり、称えられたのだ。とするならば、聖徳太子も同様の「裏」があって、だからこそ『日本書紀』は、六世紀以前のみならず、七世紀の歴史記述にも、多くの矛盾を残したのではあるまいか。

25

ヤマト建国から七世紀に至る時代背景

◆六世紀以前のヤマトはどのような発展をしていたのか

六世紀以前の歴史が曖昧模糊《あいまいもこ》としているとはいえ、海外の史料などを頼りに、ある程度のあらすじを描くことができる。そこで少し、この間の流れを概観しておこう。

まず、ヤマト建国が三世紀後半（はっきりとそう決まったわけではないが、だいたいこの時期とみて間違いなさそうだ）で、ヤマトの纒向《まきむく》に誕生した前方後円墳《ぜんぽうこうえんふん》という新しい埋葬文化は、四世紀には東北南部にまで受け入れられていった。埋葬文化の「ヤマト化」は、新政権の強要ではなく、地方の豪族層がヤマトを「認知」した、という程度のゆるやかな宗教観の共通化であり、またただからこそ、ゆるやかな政治的紐帯《ちゅうたい》が生まれたということであろう。

このように、四世紀は安定と発展の時代であり、五世紀になると、朝鮮半島に積極的に軍事介入できるほど、力をつけたようなのだ。

なぜこのようなことが分かるかというと、高句麗《こうくり》の広開土王碑文《こうかいどおうひぶん》に、高句麗が朝鮮半島南部に食指をのばし盛んに侵略したこと、これに対し、倭国《わこく》（ヤマト）が朝鮮半島に兵を繰り出し、高句麗と戦火を交えた様子が描かれていたからだ。

朝鮮半島南部の国々は、南下政策を採る騎馬民族国家の高句麗の存在に頭を悩ませ、中国に支援を求め、また海の向こうでぬくぬくと力を蓄えつつあった倭国に、援軍を要請したということだろう。

倭国にしても、朝鮮半島南部は「鉄」の資源が眠り、中国へのルートにあたるという重要な場所だったので、当然のことながら、出兵したということになる。

このような軍事行動によって、倭国の存在は中国にも認められるようになった。『宋書《そうじょ》』倭国伝《わこくでん》には、五人の倭王、讃《さん》・珍《ちん》・済《せい》・興《こう》・武《ぶ》（これを「倭の五王」と呼んでいる）の名を挙げ、彼らは「称号がほしい」と言っていたこと、実際に宋が、称号を与えたことなどが記録されている。

倭の五王最後の武は、『日本書紀《にほんしょき》』に記録された第二十一代雄略《ゆうりゃく》天皇と同一であった可能性が高いが、この人物は、「使持節《しじせっ》都督《ととく》倭《わ》新羅《しらぎ》任那《みまな》加羅《から》秦韓《しんかん》慕韓《ぼかん》六国《ろっこく》諸軍事《しょぐんじ》安東大将軍《あんとうだいしょうぐん》倭国王《わこくおう》」という長い称号を獲得している。とても厳《いか》めしく、あたかも朝鮮半島南部を支配していたかのような響きがあるが、実態は名誉称号にすぎなかった。

◆なぜヤマトは六世紀に衰弱したのか

五世紀の倭国には勢いがあったが、危《あや》うい兆候も抱えていた。

五世紀というと倭の五王ばかりがクローズアップされるが、この時代を実質的に引っ張っていたのは、「豪族」たちだった。もともとヤマトの政権は豪族層たちの寄合《よりあい》によって成り立っていたのだから、彼らの総意によって、出兵がくり返されていたのだろうし、力の源泉は、豪族が私有する土地や民だった。

ところが、海外では倭国の代表者の「倭王」が目立ち、称号が与えられた（このとき同時に称号を与えられた豪族もいるが）。倭王は次第に増長し、豪族層を支配しようと考え出した気配がある。

支配という言葉が適切ではないとするならば、政権を中央集権的な形態に改めようとした、といいかえることができる。当然、王家と豪族層の間に軋轢《あつれき》が生まれ、雄略天皇に至っては、クーデターによって政権を獲得し、政敵の周囲に群がる有力豪族を根こそぎなぎ倒してしまった。

雄略天皇の王統は酒池肉林《しゅちにくりん》をくり広げた暴君・第二十五代の武烈《ぶれつ》天皇で絶えるが、どちらも異色な形で独裁色を前面に出し、「悪《あ》しき天皇」と酷評されていた。

豪族層の方にも問題がないわけではなかった。土地と民をどんどん支配下に組み込み、それぞれが自分勝手に勢力を蓄えようと躍起《やっき》になっていたのであり、豪族が栄え、国家が滅びる可能性も出てきていた。

さらに、武烈天皇亡き後、武烈に男子がなかったことから、皇位継承問題が浮上し、応《おう》神《じん》天皇の五世の孫の継体《けいたい》をヤマトに連れてきて即位させたという。

このように、五世紀の後半は、「強い王家」と「いまだに強大だった豪族層」の綱引きの時代であったといえるかもしれない。

聖徳太子像

これが六世紀初頭に至るまでのヤマトの状況であり、この混乱と疲弊《ひへい》を収束するためにこの世に生をうけたのが聖徳太子《しょうとくたいし》だったということになる。

26

律令制度とはなんぞね

◆律令《りつりょう》制度とは何か

五世紀にヤマト朝廷は、繁栄のピークを迎え、同時に衰退の兆候を抱えていた。そして六世紀の混乱がやってくる。

この間、社会制度は徐々に進化していた。五世紀には部民制《べみんせい》、六世紀の屯倉制《みやけせい》といった具合だ。部民制とはようするに、豪族たちの力の源泉である土地と民の私有を認める見返りに、豪族の配下にいる民の一部を、朝廷に差し出させる制度だ。いわば、税金を「人」で物納したと考えると判りやすい。屯倉制は、大王家《おおきみけ》（天皇）自身が土地を取得し、直接支配しようとするもので、あの手この手をつかって、豪族から土地を削り取っていった（その手管《てくだ》については、ここでは触れない）。

何度もいうように、ヤマト朝廷は各地の豪族層の寄合《よりあい》所帯だった。だから、朝鮮半島情勢が流動化し、国内問題も山積みになってくると、物事がなかなかスピーディに解決できないという合議制の「負」の面が際立ってきたのだろう。七世紀になると、ヤマト朝廷は中国の隋《ずい》や唐《とう》で完成しつつあった律令制度の導入を、本気で考え出した。

ところで「律令」とは何かというと、「律＝刑法」「令＝行政法」で、つまりは「明文法《めいぶんほう》」のことだ。『日本書紀《にほんしょき》』に聖徳太子《しょうとくたいし》が憲法十七条を作ったと記録されているのも、聖徳太子が律令の本格導入を目論《もくろ》み、先鞭《せんべん》をつけた人という認識が、八世紀の史家にはあったからだろう。

それはともかく、律令制度の完成は八世紀の大宝律令《たいほうりつりょう》（七〇一）まで待たねばならぬのだが、なぜこれほど時間がかかったかというと、律令制度が単なる「法制度」ではなく、土地改革を伴っていたからなのだ。

◆豪族から土地を取りあげなくてはならないという大仕事

律令制度の本質は「土地改革」にある。

これは、豪族層から一旦土地を取りあげ朝廷の所有物とし、さらに全国の人口調査（戸籍の製作）を行い、集めた土地を頭数に応じて平等に分配しようとするものだった。

当然のことながら、豪族層は既得権を振りかざし猛烈に反発するに違いなかった。そこで朝廷は見返りに、豪族たちの「実力」に見合った役職と官位を与える必要があった。

しかし、だからといって、豪族たちが、

「はいそうですか。それなら土地を差し出しましょう」と、素直に従ったかというと、じつに心許《こころもと》ない。抵抗する者も少なからずいただろう。なにしろ、土地と民を支配して発言力を持ち、これまで大きな顔をしてきたのが豪族たちである。その力の源をおいそれとは渡せなかったに違いない。だからこそ、改革事業に数十年という年月を要したのだ。

有名な大化改新《たいかのかいしん》（六四五）も、このような「朝廷と豪族層のせめぎ合い」という図式を当てはめると分かりやすい。なぜ蘇我入鹿《そがのいるか》が成敗されたかというと、既得権を振りかざし頑迷に抵抗したからだ。蘇我入鹿を殺さねばヤマト朝廷は衰弱するだけだという中大兄《なかのおおえの》皇子《みこ》や中臣鎌足《なかとみのかまたり》の政変劇が乙巳《いっし》の変で、その後の行政改革を大化改新という（もっとも、この図式は完璧に逆立ちしてしまうのだが、その理由は後に）。

このように、律令制度がどのような問題を孕《はら》んでいたのかが分かってくると、聖徳太子の立場というものが鮮明になってくる。豪族層からみれば、この人物は、「われわれの土地を狙っているとんでもないやつ」と映ったかもしれない。少なくとも、革命的な改革を断行しようと目論んだのが聖徳太子であったならば、多くの妨害工作もあったはずだ。そして、人びとに絶大な支持を得ていたのではなくむしろ「憎まれ役」だったかもしれないのである。

律令制度とは土地革命

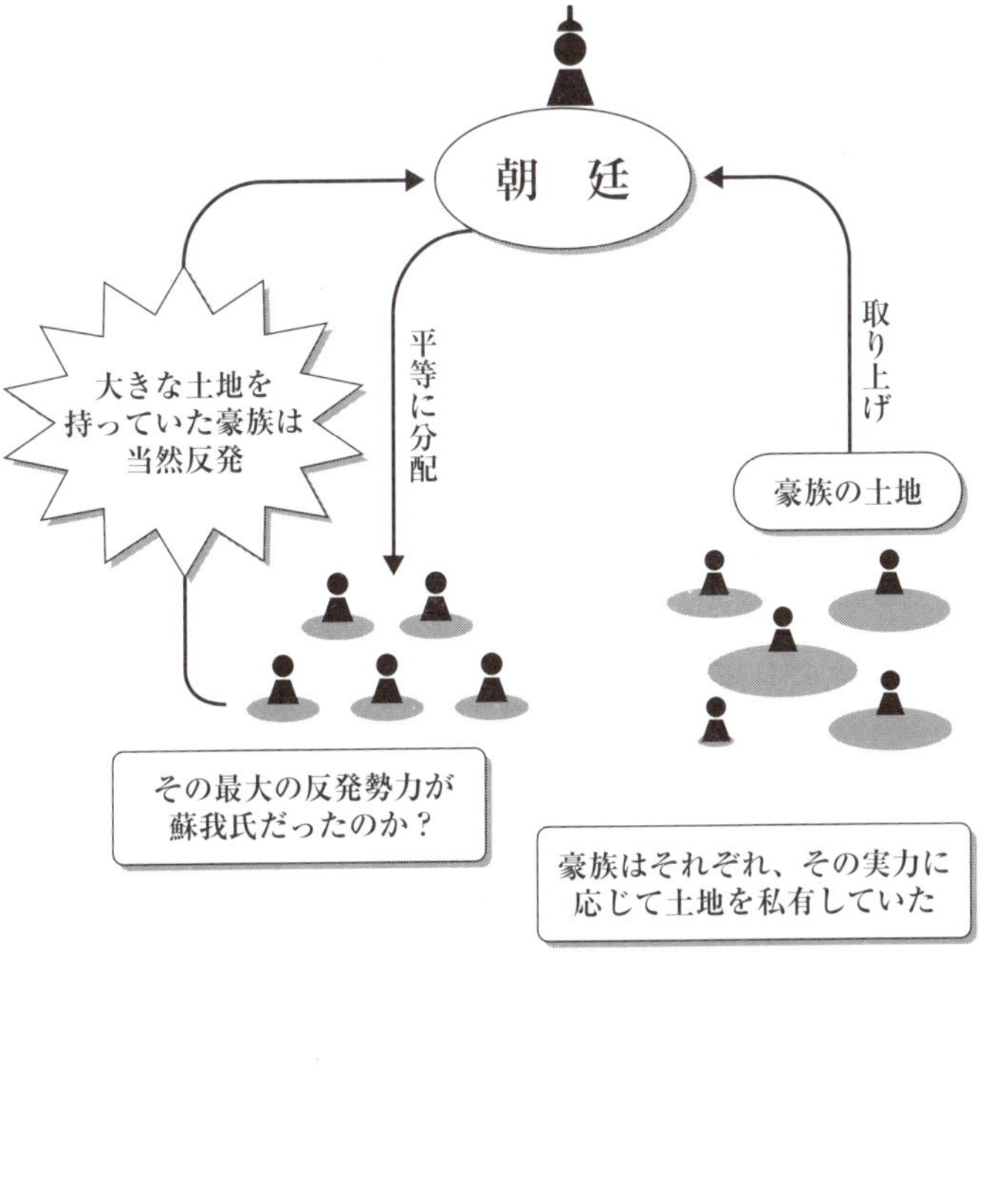
朝　廷
平等に分配
取り上げ
大きな土地を
持っていた豪族は
当然反発
豪族の土地
その最大の反発勢力が
蘇我氏だったのか？
豪族はそれぞれ、その実力に
応じて土地を私有していた

27

誰が律令制度を潰そうとしたのか

◆真の改革者は誰だったのか

くどいようだが、豪族の私有地を中央政府が一旦取りあげる作業こそ、律令《りつりょう》制度整備のための最大の難事業だった。旧豪族にすれば、広大な土地を支配しその上にあぐらをかき、支配領域の大小によって朝廷における発言権も上下したであろうから、この安定した地位を脅《おびや》かされかねない新制度に、おいそれと乗れるはずもない。

畿内《きない》の大豪族にしても、世襲で官位や役職をがっちり維持していたから、突然梯《はしご》をはずされるようなもので、納得できるものではなかったろう。

聖徳太子《しょうとくたいし》が冠位十二階《かんいじゅうにかい》を用意し、「これからは、かつての実績だけではなく、個人個人の能力に見合った働きをしてもらおう」と張り切ってみたところで、かえって逆効果だったかもしれない。

「ヤマト朝廷は、われら豪族層の力が合わさってできているのだ」

という自負が、豪族層にもあっただろう。だから当然のことながら、「頑迷」という言葉が相応《ふさわ》しいほどの抵抗を想定できる。

この、「律令制度整備最大の難関は土地制度改革」という図式が分かっていないと、『日《に》本書紀《ほんしょき》』編纂《へんさん》直前の歴史を見誤ることになる。

これまでの考えでは、抵抗勢力の雄が、蘇我《そが》氏ということだった。だいたい、大化改新《たいかのかいしん》は、自分勝手に振る舞い、改革事業の邪魔になった蘇我氏を排除したからこそなしえた快挙だったと誰もが信じて疑わなかった。

ところが近年、「違うのではないか」という疑問が提出されている。というのも、蘇我氏は大王家《おおきみけ》（天皇）の直轄地＝屯倉《みやけ》の設置に積極的に活動し、新制度導入の先頭を走っていたのではないかという指摘が出てきているのだ。

じつを言うと、この「蘇我氏が律令制度導入に動いていた」という指摘は、歴史がひっくり返るほど大きな意味を持っている。その重大性には、次第に読者も気づかれていくに違いない。

◆蘇我氏は本当に悪なのか

そうはいっても、「蘇我＝悪」という、一度植え付けられてしまった観念を、そうやすやすと切り替えることはできないに違いない。

では、なぜわれわれは、「蘇我＝悪」と決めつけてしまっているのだろう。それはなんと言っても教科書に書いてあって、授業で教えられたからだ。

それならば、なぜ教科書は蘇我氏を悪く書いているかというと、八世紀の朝廷が編纂した『日本書紀』に、「蘇我は本当に悪いやつだった」と記録されていたからにほかならない。

それでは、『日本書紀』にはどのように「蘇我の悪人ぶり」が記されていたのだろう。皇極《こうぎょく》元年（六四二）是歳《ことし》の条《じょう》には、蘇我氏が王家の特権を勝手に横取りしたとあり、また聖徳太子の娘が、

「蘇我臣《そがのおみ》は専横《せんおう》をくり返し、礼を失している。天に二つの太陽はなく、国に二人の王はいないはずなのに、なぜわれわれの民を勝手に使役するのか」

と叱責している。

蘇我氏の横暴を示すもっとも有名な話は、蘇我入鹿《そがのいるか》が聖徳太子の息子・山背大兄王《やましろのおおえのみこ》の一族を滅亡に追い込んでしまったという事件だろう。山背大兄王は推古《すいこ》天皇亡き後、有力な皇位継承候補だったが、古人大兄皇子《ふるひとのおおえのみこ》の即位を望む蘇我本宗家《ほんそうけ》に疎《うと》まれた。結局蘇我入鹿が斑鳩《いかるが》に兵を繰り出し、山背大兄王一族を滅亡に追い込んでいる。乙巳《いっし》の変の入鹿暗殺の場面でも、この事件が入鹿暗殺の大義名分となっている。

蘇我入鹿が殺された原因も、律令制度にあった？（入鹿首塚・奈良県明日香村）

史学者がこれらの記述に疑問を持つことなく、さらには、「蘇我を倒した中臣鎌足《なかとみのかまたり》や中大兄皇子《なかのおおえのみこ》が英雄」という『日本書紀』のいうそのままを、歴史として捉えたのだから、われわれもそれを信じてきたわけだ。

だが、八世紀の朝廷は、強大な勢力をもっていた蘇我氏を滅ぼすことによって成立した政権であり、その政府が蘇我氏の悪口をいうのはむしろ当然のことなのだ。だから、「蘇我＝悪」という『日本書紀』の決めつけた単純な勧善懲悪《かんぜんちょうあく》の世界を、そのまま信じてきたことこそ、史学界の怠慢以外の何物でもない。せめて、この図式に疑問の目を向けるべきだった。

28

祟る鬼蘇我入鹿、祟る神となった聖徳太子

◆蘇我入鹿《そがのいるか》と聖徳太子《しょうとくたいし》の意外な共通点

ここでもう一度、問題を整理してみよう。

これまでの常識は、次のようなものだった。六世紀のヤマト朝廷の制度疲労は、七世紀に至り、律令《りつりょう》制度の導入によって解決しようとする動きとなった。その先鞭をつけたのが聖徳太子で、障害となったのが蘇我氏だった。さらに、この邪魔者を消したのが中大兄皇子《なかのおおえのみこ》と中臣鎌足《なかとみのかまたり》（西暦六四五年の乙巳《いっし》の変と大化改新）というのだ。

ところが、どうにも様子がおかしい。蘇我氏こそ、律令制度導入に奔走した人びとであった疑いが出てきたのである。

そこで、蘇我氏と聖徳太子の姿を見比べてみると、ひとつの奇妙な事実に気づかされる。『日本書紀《にほんしょき》』のなかで聖徳太子は、必要以上に礼賛され、かたや蘇我氏は、これでもかこれでもかと、悪態をつかれた。両者は対極の存在であり、まるで『日本書紀』によって仕組まれた「聖《せい》」と「邪《じゃ》」の一対に見える。

蘇我氏は本当に悪人だったのか？（蘇我馬子の墓ともいわれる石舞台古墳・奈良県明日香村）

それよりももっと重大な事実がある。それは、聖徳太子と蘇我入鹿は、ひとつの共通点を持っていることなのである。

それが何かといえば、二人とも後世の人びとに、「祟《たた》る人」と恐れられていたということなのである。

たとえば蘇我入鹿の場合、『日本書紀』や『扶桑略記《ふそうりゃっき》』という文書の話を総合すると、鬼の格好で空を飛び、人びとを驚かせていたようだ。それだけならまだしも、斉明《さいめい》天皇の周囲にまとわりつき、近習の者たちを変死させ、斉明天皇自身も、鬼の出現の直後、不可解な死をとげている。

斉明天皇は、乙巳の変の入鹿暗殺現場に居合わせた人物であり、なぜ鬼がまとわりつき、祟られたのかといえば、蘇我入鹿の恨みを買っていたからであろう。

◆祟る入鹿、童子《どうじ》の姿で祀《まつ》られる聖徳太子

いっぽう聖徳太子はどうかというと、この人物は法隆寺《ほうりゅうじ》や元興寺《がんごうじ》といったゆかりのある寺々で、不可解な形で祀られている。というのも、どうした理由からか、聖徳太子に限って、「童子」の姿で祀られる例が非常に多いのである。

すでに触れたように、童子は鬼退治をする力持ちである。なぜそうなのかといえば、童子は神や鬼と同類だったからだ。そしてどちらかというと、童子は荒々しい気性を持っている鬼の属性を備えていたのである。

じつをいうと、『日本書紀』も、聖徳太子を鬼と考えていた節がある。

有名な蘇我馬子《そがのうまこ》と物部守屋《もののべのもりや》の仏教導入をめぐるいさかいが起きたときのことだ。用明《ようめい》二年(五八七)七月、蘇我馬子は聖徳太子らを率いて、物部守屋の邸宅を攻撃した。このとき、激しい抵抗を受けて、なかなか守屋を破ることはできなかった。ところが、聖徳太子が誓願を立てると、守屋はいとも簡単に敗北したのだという。

注意すべきは、ここで『日本書紀』は聖徳太子の髪型を「束髪於額《ひさごはな》」だったと特記して

いることで、このときの聖徳太子が「童子」であったことを強調している。つまり、大人が束になっても勝てなかった物部守屋を、童子の「呪《のろ》い」によって打ち勝った（ということは童子＝鬼による鬼退治だったことになる）のが、この一節のテーマだったことに気づかされる。

どうにも分からないのは、蘇我入鹿も聖徳太子も、「祟る謂《い》われがない」ということなのだ。祟りは、祟られる側にやましい気持ちがなければ成立しない。蘇我入鹿は史上稀に見る大悪人で、これを成敗しても祟られると考える人はいなかったし、まして聖徳太子が「祟る鬼（童子）」と考えられるはずもなかったのだ。

29 神と称えられた蘇我入鹿、鬼と恐れられた聖徳太子

◆なぜ蘇我入鹿《そがのいるか》が神なのか

蘇我入鹿と聖徳太子《しょうとくたいし》の二人が「鬼」扱いされたのはなぜだろう。鬼というからわかりにくい。逆にいえば、鬼とは神のことなのだ。祟《たた》る鬼は祟る神であり、人びとは必死になって、神を祀《まつ》った。ということは、蘇我入鹿も聖徳太子も、「神」として祀られたわけである。

なぜ蘇我入鹿が神なのか、そして、なぜ聖徳太子は鬼なのか。

まず蘇我入鹿の場合を見ていこう。すでに触れたように、蘇我入鹿は史上稀に見る大悪人だった。したがって、入鹿を暗殺したところで、「祟られる‼」と恐怖する必要はなかった。入鹿の死は自業自得であり、祟る権利はない。

ところが、『扶桑略記《ふそうりゃっき》』は、斉明《さいめい》天皇につきまとった鬼を指して、「それは蘇我」と断定した。ちなみに、『扶桑略記』とは、平安時代末期に記された歴史書で、仏教にまつわる記述が多い書物だ。おそらく平安時代を通して、「祟る蘇我入鹿」は語り継がれてい

た、ということであろう。

乙巳《いっし》の変で大活躍した中臣鎌足《なかとみのかまたり》を祀る奈良県桜井市の談山《たんざん》神社の絵巻には、中大兄皇子《なかのおおえのみこ》らに斬りつけられた蘇我入鹿の首が、怨めしげに斉明天皇めがけて飛びかかろうとしている絵が残されている。恐ろしい蘇我入鹿、祟る蘇我入鹿は、密やかに語り継がれていたのではないかと想像させる絵柄だ。

問題は、『日本書紀』を読むかぎり、斉明天皇にまとわりついた鬼が、「蘇我」であるかどうか、はっきりとは分からないことなのである。

これまでの通説は、こういう場合、『扶桑略記』の記述をあまり重視しない。正史にない「異伝《いでん》」であり、時代が相当下っているのだから、話に尾ひれが付き、面白おかしく語られていくうちに、いつの間にか「入鹿は鬼だった」という伝承に変化していったのだろう、と高《たか》をくくるのだ。

しかし、状況証拠は、斉明天皇の鬼が蘇我入鹿だったことを、明らかにしているように思えてならない。

◆菅原道真《すがわらのみちざね》にそっくりな蘇我入鹿

まず、無視できないのは、蘇我入鹿暗殺の主犯のひとり、中臣鎌足の死の直前の『日本書紀』の記事なのだ。

そこには、中臣鎌足の館《やかた》に、落雷があったとさり気なく書かれている。「べた記事」なので、ほとんど注目されていないが、一豪族の館に落雷があったことを正史がわざわざ取りあげたのは、中臣鎌足の死に、人びとが無関心ではいられなかったからだろう。それは、祟られて死んだというイメージが、強かったからと思われる。

落雷があって、誰もが、

「これは、やはり祟られたのだな」

と思う、共通の認識があったという何よりの証拠だろう。

古来「落雷」は祟りの象徴であり、落雷の直後の中臣鎌足の急死は、因縁を帯びていたはずである。

菅原道真の祟りも、やはり「雷神」となって、人びとを恐怖のどん底に突き落としたのだった。しかも菅原道真は、平安時代の行政改革を目指し、多大な業績を上げながら、藤原の陰謀によってはめられ、九州大宰府《だざいふ》に左遷させられ、かの地で憤死した人物だ。このような図式は、蘇我入鹿とよく似ている。

問題は、古代史に燦然《さんぜん》と輝く英雄・中臣鎌足が、なぜ「祟られる人」と信じられていたのか、ということではないだろうか。

入鹿の邸宅があったとされる甘樫丘

思えば菅原道真を追い落とした藤原氏は、中臣鎌足の末裔《まつえい》であり、ここに祟る蘇我入鹿と菅原道真の姿がよく似ていることに、改めて驚かされるのである。

近年の研究では、蘇我入鹿ら蘇我氏こそが、七世紀の行政改革の先頭を走っていた可能性が高くなってきている。その首魁《しゅかい》を殺したというのならば、中大兄皇子や中臣鎌足たちこそが、「改革潰し」に走ったのであって、『日本書紀』は中臣鎌足の息子の藤原不《ふじわらのふ》比等《ひと》の息のかかった者たちの手で完成していた可能性が高いのだから、蘇我氏の手柄をすべて、藤原氏が横取りしていた疑いが出てくるのである。

30

聖徳太子の謎、法隆寺の七不思議

◆法隆寺《ほうりゅうじ》の七不思議の不可解

蘇我入鹿《そがのいるか》は祟《たた》っていた。

大悪人蘇我入鹿というこれまでの常識は、どうやら間違っていたようだ。

では、蘇我入鹿の正体はいかなるものだったのか、その答えを出す前に、次に聖徳太子《しょうとくたいし》の謎を考えておこう。

聖徳太子の謎といえば、梅原猛氏の『隠された十字架』（新潮社）を避けて通るわけにはいかない。この中で梅原猛氏は、「聖徳太子が祟る」と指摘し、一大センセーションを巻き起こしたのだった。

なぜ梅原氏は、常識破りの発想をもったのだろう。

まず、梅原氏は、法隆寺に多くの謎が隠されているという。たとえば、古くから法隆寺には「七不思議」が語り継がれていた。

法隆寺には蜘蛛《くも》が巣をかけない。法隆寺の池に棲む蛙《かえる》は片目。夢殿《ゆめどの》の礼盤《らいはん》（僧が座る台

法隆寺中門のど真ん中には柱が立ちふさがっている

座）の裏に汗をかいているなどなどだ。

梅原猛氏は、このようなオカルトじみた話ではなく、もっと現実味のある法隆寺の謎を掲げている。

たとえば、西院《さいいん》伽藍《がらん》の本来の入口の中門《ちゅうもん》のど真ん中に、柱が立っている。これは、通り抜けるための門にあって「通《とお》せんぼう」をしているようなもので、常識的に考えて不自然だというのだ。

それだけではない。法隆寺がかつて全焼してしまったのだと『日本書紀《にほんしょき》』は記録している。ところが、天平《てんぴょう》十九年（七四七）に朝廷に提出された法隆寺の財産目録である『法隆寺《ほうりゅうじ》伽藍縁起《がらんえんぎ》并《ならびに》流記資財帳《るきしざいちょう》』は、法隆寺焼失の事実をまったく無視している。法隆寺は聖徳太子が建立して以来、この地にあり続けたというのが、法隆寺側の正式見解となったわけである。

梅原猛氏は、これを法隆寺側の虚偽と隠蔽《いんぺい》だと指摘している。

◆聖徳太子は祟って出る？

東院伽藍夢殿の本尊・救世観音《ぐぜかんのん》も、法隆寺の謎のひとつだ。

この秘仏が永い眠りから目を覚ましたのは、明治十七年（一八八四）に政府の許しを受けたフェノロサと岡倉覚三《おかくらかくぞう》が訪れたときのことだった。秘仏を開帳すれば、天変地異が起きると恐れおののく僧侶らの逃げまどう姿を尻目に、二人は重い扉を開いて見せたのだった。

すると、まるでミイラのように、五〇〇ヤード（一ヤードは約九一・四センチ）の布でぐるぐる巻きにされた救世観音が現れたのだった。

梅原氏は、聖徳太子等身仏とされる救世観音の後頭部に注目した。直接光背《こうはい》が打ち込まれていたからだ。

これは、日本人の感覚からいえば「呪い」であり、聖者＝聖徳太子に呪いの「五寸釘」が打ち込まれていると指摘したのだった。

法隆寺夢殿

では、法隆寺の不可解な現象をどう解釈すればいいのだろう。梅原氏は、聖徳太子は祟りをもたらす恐ろしい人であり、後世の人びとは必死になって祟りを封じ込めようとしたのではないか、とした。たとえば中門の真ん中に柱が屹立《きつりつ》しているのは、聖徳太子の怨霊が外に出ないようにしてある、というのだ。また、救世観音の光背も、同様の理由で打ち込まれたのだろうと考えたのだ。

当然のことながら、史学界は梅原氏の説に猛反発した。聖者と称えられた聖徳太子が、祟るはずがない、というのだ。

31

なぜ聖徳太子は祟るのか

◆上宮王家《じょうぐうおうけ》滅亡事件の黒幕が中臣鎌足《なかとみのかまたり》だった？

なぜ、聖者と崇《あが》められてきた聖徳太子《しょうとくたいし》の等身仏に、直接光背《こうはい》が打ち込まれているのだろう。これを梅原氏は、呪い封じにほかならないと推理した。そして、聖徳太子が祟《たた》って出る理由を、次のように解釈した。

『日本書紀《にほんしょき》』に従えば、山背大兄王《やましろのおおえのみこ》の一族（上宮王家《じょうぐうおうけ》）を滅亡に追いつめたのは蘇我入鹿《そがのいるか》だったということになる。だが、これには黒幕がいて、陰から入鹿を操っていたのではないかと、梅原氏は指摘したのだ。それが誰かといえば、古代史最大の英雄・中臣（藤原）鎌足である。

よりによって、中臣鎌足が聖徳太子一族を追いつめた主犯格だというのだから、誰もが驚く推理だ。梅原氏は、その理由は、法隆寺《ほうりゅうじ》の祀《まつ》られ方と、藤原氏の歴史とにかかわりがあるからだという。

あらためて述べるまでもなく、中臣鎌足の末裔《まつえい》の藤原氏といえば、このあと千年の栄華を誇り、日本を代表する名家として知られている。そんな彼らでも、つねに盤石《ばんじゃく》な地位を保ったとは限らなかった。

とくに、奈良朝は藤原一族の「成長期」にあたっていて、けっして安定した地位を確保していたわけではなかった。そんな中にあって、何回かの藤原氏のピンチがあって、その時期にちょうど重なるように、藤原氏は法隆寺を手厚く祀っているのだと、梅原氏は指摘したのだ。

では、なぜ藤原氏は、法隆寺に深いかかわりを持ったのだろう。梅原氏は、これこそ、中臣鎌足が上宮王家滅亡事件の黒幕であった何よりの証拠だ、とする。

藤原氏には、聖徳太子に対しやましい気持ちがあった……。そう考えないかぎり、「藤原が困っているときに法隆寺を手厚く祀る」という現象を説明できないと梅原氏は結論づけるのだ。つまり、中臣鎌足が蘇我入鹿をそそのかし、山背大兄王とその一族に、兵を差し向けるように仕組んだのだろう、という。

罪もない聖徳太子の末裔一族を滅亡に追い込んだ最大の責任を、『日本書紀』の中で蘇我入鹿になすりつけることに成功したとはいえ、聖徳太子の祟りが恐ろしい藤原氏は、法隆寺を丁重に祀った、というのである。

◆『隠された十字架』の最大の欠点

だが、梅原猛氏の推理には、重大な欠点がある。

たしかに法隆寺では「聖徳太子孝養像《きょうようぞう》」など、聖徳太子を童子《どうじ》姿で祀っているのだから、この人物が「祟る鬼」であったことは間違いないだろう。だが、それでも、梅原氏の考えには、矛盾がある。

梅原氏のいうように、藤原氏は、「先祖の中臣鎌足が山背大兄王の一族を滅亡に追い込んだ主犯」であることを知っていたのなら、聖徳太子ではなく、まっさきに山背大兄王の祟りを恐れるはずだった。死に追いつめた相手ではなく、その父親の怨《うら》めしい顔が浮かぶというのは、あまり現実的ではない。

百歩譲って、「聖徳太子という絵に描いたような聖人君子の末裔を滅ぼした後ろめたさ」が祟りの恐怖を募らせたとしよう。それならば、藤原氏が聖徳太子だけを恐れ、山背大兄王を恐れなかったのはなぜだろう。というのも、どうしたことからか、法隆寺が山背大兄王の一族を、平安時代に至るまで、積極的に祀った気配がないところに、大きな疑念を抱かざるを得ないのである。

法隆寺は山背大兄王一族滅亡という悲劇の目撃者であり、誰よりも山背大兄王の一族の

法隆寺は山背大兄王一族滅亡という悲劇を本当に見ていたのだろうか？

菩提《ぼだい》を弔《とむら》う動機が備わっていたはずだ。ところが、山背大兄王本人、さらに一族の墓が、どこにも見あたらない。非業《ひごう》の死をとげた人物の墓が見つからないというのは普通考えられない。

聖徳太子は祟って出る、と言い当てた梅原氏の推理は正鵠《せいこく》を射《い》ていた。そして、藤原氏が聖徳太子を恐れている、という推理も、大きな意味を持っていた。だが、「山背大兄王殺しの黒幕は中臣鎌足だった」という、最後の詰めが甘かった。これが『隠された十字架』の最大の欠点といっても過言ではない。

では、梅原氏も解けなかった聖徳太子の謎を解くことはできるのだろうか。簡単なことだと思う。疑わしきは、山背大兄王の存在なのである。

32 聖徳太子の謎を解き明かすための大胆仮説

◆蘇我入鹿《そがのいるか》暗殺の意味

ここで問題を整理してみよう。

まず、これまでは蘇我といえば、天皇家をないがしろにし、専横《せんおう》を極めた大悪人という「動かし難い常識」があった。だがこれは、歴史の勝者の一方的な主張であり、蘇我氏は敗者だから、弁明の機会をまったく与えられてこなかった。この事実を、忘れてはなるまい。絵に描いたような勧善懲悪《かんぜんちょうあく》の世界を、疑われることがなかったことの方が、不思議なくらいである。

そのいっぽうで、近年次第に、蘇我氏こそが律令《りつりょう》制度導入に積極的に取り組んでいた者たちではないか、という問題提起がなされるようになってきた。実際、律令制度導入の直前、蘇我氏は天皇家の直轄領（屯倉《みやけ》）の設置に奔走していたことがはっきりとしてきているのだから、「蘇我の専横」という『日本書紀《にほんしょき》』の記述は、どうにも怪しくなってきたわけである。

斑鳩の法輪寺は、山背大兄王創建という伝説もあるが……

　そうなってくると、大化《たいか》元年（六四五）の蘇我入鹿暗殺（乙巳《いっし》の変）は、蘇我氏らの推し進めていた改革事業を潰してしまったというのが、本来の姿ではなかったか。菅原道真《すがわらのみちざね》がそうであったように、中大兄皇子《なかのおおえのみこ》や中臣鎌《なかとみのかま》足《たり》は、蘇我潰しと並行して、「手柄の横取り」をも行っていたであろう。もちろん、中臣鎌足の子・藤原不比等《ふじわらのふひと》が編纂《へんさん》に大いに関わったと考えられる『日本書紀』の中で、蘇我入鹿は悪人に、中臣鎌足は天皇家再興の英雄に描かれたわけである。

　だが、蘇我入鹿が祟《たた》って出ていたとなれば、本当の正義がどちらにあったのかは、バレバレである。

そうなってくると、ここで考え直さなければならないことが出てくる。それが、蘇我入鹿の山背大兄王《やましろのおおえのみこ》一族滅亡事件をどう考えればいいのか、ということなのだ。この事件も、蘇我氏を悪く見せるための「演出」だったのではないかと思えてくるからだ。

◆山背大兄王は本当に実在したのか

山背大兄王の一族が滅亡したとき、上空には天女《てんにょ》たちが舞ったと『日本書紀』は記録している。同時代史である山背大兄王の滅亡を「お伽話《とぎばなし》」や「神話」にしてしまったのはなぜだろう。どうにも胡散《うさん》臭い。

すでに触れたように、法隆寺《ほうりゅうじ》は山背大兄王を積極的に祀《まつ》っていないし、彼らの墓がどこにあるのかさえ、はっきりとしない。平安時代に至っては、聖徳太子《しょうとくたいし》と山背大兄王が親子ではなかったのではないかと語り継がれていたともいう。

どうにも不審なのは、蘇我入鹿に襲われたときの山背大兄王の行動だ。いったん生駒山《いこまやま》に逃れ、「兵を挙げれば勝てる」という進言には耳を貸さず、「自分のために人びとを苦しめることはできない」と言い放ち、一族郎党を率いて斑鳩《いかるが》に戻り、全員で死を選んだという。この結果、聖徳太子の末裔は、根絶やしにされたのだという。

だが、この話、あまりにもできすぎではないか。何十人もいた一族がきれいさっぱり

「消えてしまった」というのは、最初からいなかった役者たちを、ここで邪魔になったから、退場してもらったというそれだけのことではなかったか。

ここで、ひとつの仮説を唱えることが可能だ。すなわち、山背大兄王は偶像であり、山背大兄王を滅亡に追い込んだという「お話」を『日本書紀』の中ででっち上げることで、蘇我入鹿を「この上ない大悪人」に仕立て上げることに成功したのではなかったか。

山背大兄王は、生まれたときから「聖《ひじり》」の風格を漂わせていた聖徳太子の子であり、山背大兄王自身も、「聖者」のように、華麗な最期を演出されたのだった。そうすることで、蘇我入鹿の「悪役ぶり」が際立つからである。

33

大化改新とはいったい何だったのか

◆大化改新《たいかのかいしん》の常識を疑ってみる

蘇我入鹿《そがのいるか》暗殺が乙巳《いっし》の変で、このあとに行われた行政改革が大化改新というのが、教科書で習った歴史の常識だった。ところが、われわれはとんでもない勘違いをしてきたようである。

律令《りつりょう》制度導入の先鞭をつけたのが聖徳太子《しょうとくたいし》で、これに既得権を振りかざして抵抗し続けたのが蘇我氏だったと、われわれは学校で教わってきた。そして、この大悪人＝蘇我を排除することで、中大兄皇子《なかのおおえのみこ》や中臣鎌足《なかとみのかまたり》が新たな政治体制を敷いたのだと、われわれはなんの疑いも持たずにいた。

だが実際には、この図式は根底から覆《くつがえ》されるようである。

さらに、「蘇我＝悪」というこれまでの常識を棄ててかかると、大化改新にまつわる多くの謎が解けてくる。

たとえば、入鹿暗殺ののち、皇極《こうぎょく》天皇が退位すると、中大兄皇子は皇位継承を目論《もくろ》むが、側近の中臣鎌足の進言で、断念する。「年功序列」を優先し、叔父の軽皇子《かるのみこ》（即位して孝徳《こうとく》天皇）に玉座を譲ったのだ。

一般的には、中大兄皇子は名を捨て実《じつ》を取り皇太子の地位にいることで、政治的実権を握ったというが、その後の政局を見るかぎり、中大兄皇子が主導権を握っていたようには見えない。中大兄皇子は、蘇我入鹿を殺してみたものの、結局政権を奪取するところまではいかなかったのが、本当のところではなかったか。

このことは、事件のほとぼりも冷めないうちに、新政権が難波京《なにわきょう》（大阪市中央区）遷都《せんと》を強行していることからもはっきりとしてくる。

一般に難波遷都は、新政府が独自に進めた改革事業の一環と考えられてきたが、この考えはおかしい。

◆改革潰しをしていた中大兄皇子

まず第一に、難波の地は大和盆地西側に連なる山並みから見下ろす位置にある。大和盆地と難波の間には、天然の要害、生駒山《いこまやま》と葛城《かつらぎ》山系が横たわっているのだ。

難波方面からのヤマト攻めが非常に困難なことは、神武《じんむ》東征や楠木正成《くすのきまさしげ》の千早城《ちはやじょう》の例を出すまでもなく、地図をみれば一目瞭然なのだ。古代政権がなかなかヤマトを離れなかったのは、このような堅固な地形があったからにほかなるまい。

クーデター直後の不安定な政権ならば、蘇我の残党が多く残る大和盆地を放置し、そのまま難波に移ることは、常識的ではない。そうではなく、蘇我入鹿の時代、すでに遷都は画定済みで、入鹿の遺志を引き継いだ孝徳天皇が、難波に都を遷《うつ》したと考えた方が真実に近かっただろう。

その証拠に、『日本書紀《にほんしょき》』には、乙巳の変の直前、ヤマトのネズミが大挙して西に向かって移動したとあり、これが難波遷都の予兆だったのだとしているが、これは入鹿存命中の「予兆」なのだから、難波遷都が「蘇我氏の事業」だったことを暗示している。

『日本書紀』をよく読み返せばはっきりとするが、大化改新後の中大兄皇子と中臣鎌足は、孝徳天皇と行動をともにしていた気配がない。それどころか、中大兄皇子は孝徳天皇の側近を次々に陰謀にはめて殺している。

もっとも有名なのは蘇我倉山田石川麻呂《そがのくらやまだいしかわのまろ》(以下「麻呂」)一族滅亡事件だろう。

麻呂が皇太子(中大兄皇子)の命を狙っているという讒言《ざんげん》(嘘の訴え)を信じた中大兄皇子は、兵を繰り出し麻呂を追いつめている。結局麻呂の一族は滅亡し、麻呂の死体はずたずたに切り裂かれ、見るも無惨な姿になった。

麻呂の娘のひとり遠智娘《おちのいらつめ》が中大兄皇子のもとに嫁いでいて、父の死を知り発狂して死

蘇我倉山田石川麻呂が建立した山田寺の跡（奈良県桜井市）。彼はここで自害することになる

ぬが、このとき中大兄皇子が麻呂の遺骸を塩漬けにし、その生首を遠智娘に見せつけた疑いが強いことは、他の拙著の中で何度も触れた。

それはともかく、孝徳天皇の近くに仕えていた者たちの多くは中大兄皇子の手で殺《あや》められている。度重なる要人暗殺によって、孝徳朝は衰退する。多くの重臣の不審な死に、中大兄皇子や中臣鎌足がからんでいた疑いは強く、また孝徳の晩年、中大兄皇子は勝手に都を飛鳥《あすか》に戻してしまうのだから、これまでの考え方だけでは、大化改新の意味がまったくわからなくなってしまうのだ。結局「難波朝」が改革派とすれば、中大兄皇子は改革潰しをしていたことになるのだろう。

34

乙巳の変で叫ばれた謎の一言

◆「韓人《からひと》」とはいったい誰を指していたのか

話を入鹿《いるか》暗殺の場面（西暦六四五年）に戻そう。

飛鳥板蓋宮大極殿《あすかいたぶきのみやだいごくでん》で中大兄皇子《なかのおおえのみこ》らに斬りつけられた蘇我入鹿《そがのいるか》は、皇極《こうぎょく》（重祚《ちょうそ》してのちに斉明《さいめい》）天皇ににじり寄り、事態の説明を求めた。あわてた女帝は、息子の中大兄皇子を叱責する。すると中大兄皇子は、入鹿の非を責め、「皇室が乗っ取られようとしているのです」と訴え、皇極はその場を去ったのだった。

問題は、このあと、蘇我氏の息のかかった古人大兄皇子《ふるひとのおおえのみこ》が、自宅に駆け戻り叫んだ言葉なのだ。それによれば、

「入鹿が韓人に殺された!! 胸が張り裂けそうだ!!」

というのだ。「韓人に殺された」というのは、入鹿暗殺の下手人が日本人（倭人《わじん》）ではなく、他国の何者かであったということだろう。しかし、入鹿暗殺現場にいたのは、三韓《さんかん》（朝鮮半島の国々）の使いであって、蘇我入鹿を殺す謂《い》われはない。

忽然《こつぜん》と現れた「韓人」の二文字は、いったい何を意味しているのだろう。『日本書紀《にほんしょき》』本文には補注があって、これは、「韓（朝鮮半島）の人という意味ではなく、韓政《からのまつりごと》＝半島情勢をめぐる外交問題のことをいっている」というのだ。つまり、蘇我入鹿は、朝鮮半島をめぐる思惑《おもわく》の差によって殺された、ということになる。なぜ『日本書紀』はこのようなことを言い出したのだろう。

じつをいうと、古人大兄皇子の「韓人」は、当時の古人大兄皇子の第一声がそのまま語り継がれていた言葉そのままであった疑いが強い。というのも、入鹿暗殺現場に、本当は「韓人」ではないかと思われる怪しげな人物がいたからだ。何を隠そう、それが、中臣鎌《なかとみのかま》足《たり》なのである。

◆中臣鎌足の怪しさ

蘇我入鹿暗殺を主導したのは中大兄皇子と中臣鎌足であったと『日本書紀』はいい、とくに中臣鎌足は、天皇家の危機を救った英雄として語り継がれている。もちろんこの図式が、これまでの常識だった。

だが、天皇家に直轄領の屯倉《みやけ》を用意していたのは蘇我氏であって、蘇我氏が専横をくり広げていたというのは『日本書紀』のいいがかりであった可能性が出てきた。ということは、中臣鎌足は古代の英雄ではなく、人びとに支持されていた蘇我氏を滅ぼし、ただ単に、権力を握りたかっただけなのではないかという疑いが出てくる。

事実、中大兄皇子が政権を握り、中臣鎌足が大きな顔をしだしたころから、民衆は政権に罵声《ばせい》を浴びせているし、中臣鎌足の死因が「入鹿の祟《たた》り」であった（あるいは誰もがそう信じていた）可能性はすでに指摘しておいたが、これを裏返せば、中臣鎌足の死を誰もが「ざまあみろ」と思って見ていたということでもあろう。

そこで、中臣鎌足の素性《すじょう》を洗っていくと、この人物の「出自の怪しさ」が際立ってくる。中臣鎌足が、どこからやってきたのか、どうにもよく分からないのだ。

中臣氏の祖神・天児屋命《あまのこやねのみこと》は、記紀《きき》神話にも登場しているし、中臣氏といえば神道に関わる一族だから、古い歴史を持っていたであろうことは、容易に想像の付くところだ。ところが『古事記《こじき》』は、神話時代はいざ知らず、その後の中臣氏の活躍を、ほとんど記録していない。

『日本書紀』にしても、中臣鎌足の登場の仕方は、「唐突」という言葉が相応《ふさわ》しい不自然なものだった。入鹿暗殺の直前の皇極《こうぎょく》三年（六四四）、中臣鎌足を神祇伯《じんぎはく》に抜擢したというのだ。それまで、まったく姿を見せなかった人物を、いきなり神道祭祀の頂点に持ってこようというのだ。

入鹿暗殺の地・飛鳥板蓋宮伝承地

くどいようだが、『日本書紀』の編纂《へんさん》には、藤原不比等《ふじわらのふひと》が関わっている。その不比等は中臣鎌足の子で、だからこそ乙巳《いっし》の変の父の功績を、不比等は必死に称えた。とすると、もし中臣鎌足の出自が「正しい」ものであったならば、不比等はかならずやその系譜を高々と掲げただろう。ところが、『日本書紀』は中臣鎌足の両親の名を挙げることもなく、ましてや天児屋命から続く系譜を掲げることもなく、降って湧いたように、中臣鎌足を登場させたわけである。

藤原不比等が父の功績を称える一方で、父の出自を口ごもったのには、それ相応のわけがあってのことだろう。私見はその理由を、中臣鎌足が百済《くだら》出身だからと読む。

35

中臣鎌足は人質として来日していた百済王子・豊璋

◆突然姿をくらました中臣鎌足《なかとみのかまたり》

中臣鎌足の末裔《まつえい》はいうまでもなく、千年の繁栄を誇り、今日でも日本の上流階級にあぐらをかく藤原氏である。

のちにふたたび触れるように、大化改新《たいかのかいしん》の中臣鎌足の活躍があまりにクローズアップされたために目立たないのだが、藤原氏ほど多くの皇族を殺《あや》めた豪族は他に例をみない。藤原一族は自家の女人《にょにん》を天皇にあてがい、所生の御子を即位させ続けたから、

「天皇家は藤原の私有物」

と思っている節があった。だから、邪魔になったり刃向かってくる皇族を、平気で消し去ることができたのだ。

それはともかく、中大兄皇子《なかのおおえのみこ》の懐刀《ふところがたな》として辣腕《らつわん》をふるったとされる中臣鎌足だが、どうしたわけか、中大兄皇子の人生最大のピンチに、姿をくらましている。

それがいつかというと、天智《てんじ》二年（六六三）の白村江《はくそんこう》の戦いなのだ。一度滅亡した朝鮮

半島南部の百済《くだら》が復興を目論み、倭国《わこく》を引きずり込み、唐《とう》と新羅《しらぎ》の連合軍と戦い、大敗北を喫した事件だ。中大兄皇子は、負けることの分かっていることの戦争に、どういう理由からか猪突した。問題はこのとき、中臣鎌足が『日本書紀《にほんしょき》』の記述から消えてしまい、乱が終わったあと、ひょっこりと戻ってくることなのである。

いったい中臣鎌足はどこにいってしまったというのだろう。中大兄皇子の懐刀の中臣鎌足が、なぜ主君の一大事に、信じがたい行動に出たのだろう。

◆中臣鎌足は百済王子・豊璋《ほうしょう》だった?

じつを言うと、白村江の戦いの直前、日本から百済に「帰って行った」人物がいる。それが、百済の義慈王《ぎじおう》の子・豊璋（余《よ》豊璋）なのだ。

豊璋は人質として日本にやってきていたのだった。ところが百済が滅びてしまったので、復興の旗印として、本国に召還されたのである。

どうにも不思議なのだが、豊璋の来日、そして百済行きの期間と、中臣鎌足がはじめて歴史に登場してから意味不明の「失踪」に走るまでの時期が、ほとんど重なってしまうのだ。これは果たして偶然なのだろうか。そうではあるまい。二人は同一人物だったと考えると多くのつじつまがあってくる。

中臣鎌足と百済を結びつける傍証《ぼうしょう》は腐るほどある。

六世紀までのヤマト朝廷は、百済との間に強い絆《きずな》を持っていた。中国大陸に渡るには、百済を経由する場合が多かったから、必然的に百済重視の外交を展開した、ということであろう。

ところが七世紀の飛鳥《あすか》の蘇我《そが》氏の政権は、百済一辺倒のそれまでの外交策に大鉈《おおなた》を振るった。隋《ずい》や唐《とう》、高句麗《こうくり》や新羅《しらぎ》と友好関係を結び、「全方位型外交」を展開した。だから、蘇我的な発想からいえば、白村江の戦いは起こりえなかった。起こりえないことが起きたのは、乙巳《いっし》の変で蘇我本宗家が滅び、のちに中大兄皇子や中臣鎌足が実権を握ったからにほかならない。とするならば、乙巳の変の「殺意」のひとつに、「外交問題のこじれ」があり、だからこそ古人大兄皇子が「入鹿は韓人《からひと》に殺された」と叫ぶ原因があったのかもしれない。

問題は、中臣鎌足の末裔の藤原氏が天下を牛耳《ぎゅうじ》ると、必要以上に朝鮮半島の新羅を敵視し蔑視していくことである。百済と新羅は隣同士で、犬猿の仲にあった。

中臣鎌足の子・藤原不比等《ふじわらのふひと》の浮き沈みは、百済からの亡命貴族たちと歩調を合わせたかのようなところがあって、藤原氏と百済がつながっていたと考えないかぎり、理解できないことが多すぎる。

大原大神宮（奈良県明日香村）には、鎌足の母といわれる大伴夫人の墓があるが……

歴史上「織冠《しょくかん》」の冠位を得たのは、百済王子豊璋と中臣鎌足だけで、ここに豊璋と鎌足の接点が見いだせる。

また『続日本紀《しょくにほんぎ》』には、百済の義慈王が中臣鎌足にプレゼントしたという東大寺の「厨子《ずし》」の記録がある。『日本書紀』を読むかぎり、中臣鎌足と百済の義慈王の間には、まったく接点が見いだせない。だが、義慈王は豊璋の実の父であったから、豊璋と中臣鎌足が同一と考えると、理由がはっきりとしてくる。

このように、古人大兄皇子の叫んだ「韓人が入鹿を殺した」の意味は、百済王子豊璋＝中臣鎌足を想定することで、謎ではなくなるのである。

コラム　信州と古代史の意外なつながり

信州善光寺《ぜんこうじ》（長野県長野市）といえば、「牛に曳かれて善光寺」という言葉で思い出す方も多かろう。

けれども、善光寺が古代史と強い因縁で結ばれていたことは、あまり知られていない。

まず、寺の成り立ちが、古代史の争乱に由来していた。

善光寺の縁起には、次のような説話が残されている。

蘇我氏が仏教を導入しようと躍起になっていたときのことだ。物部《もののべ》氏らがこれを妨害し、仏像を難波《なにわ》の堀江に投げ捨ててしまった。その後、たまたまこの地を訪れていた本田善光《ほんだよしみつ》なる人物が、仏縁によって仏像に巡り会い、信州に持ち帰り、善光寺の基礎ができあがったという。

それだけではない。善光寺には、不思議な伝承が残されている。

というのも、善光寺の伝承によれば、斉明《さいめい》天皇は地獄に堕ちたというのだ。

斉明天皇といえば、天智《てんじ》天皇（中大兄皇子《なかのおおえのみこ》）や天武《てんむ》天皇（大海人皇子《おおあまのみこ》）の母として名高い。また、蘇我入鹿《そがのいるか》暗殺現場を目撃し、蘇我の亡霊（鬼）に苦しめられた女人でもある。

いったい、なぜ遠く離れた信州の地で、ヤマトの政争と密接なつながりを見せる伝承が残されたというのだろう。

信州には、ヤマトの大神《おおみわ》神社の御神体を持ってきてしまったという美和《みわ》神社もあり、謎めく場所なのだ。

第四章

古代最大の争乱・壬申の乱の謎

36

なぜ中大兄皇子（天智天皇）は謎に満ちているのか

◆大化改新《たいかのかいしん》後の中大兄皇子《なかのおおえのみこ》の不可解な行動

考えれば考えるほど、中大兄皇子というのは不思議な男だ。

乙巳《いっし》の変、大化改新という輝かしい功績を残し、古代史の英雄というイメージが強いが、「作られた偶像」だったのではないかと思えてならない。

まず、すでに触れたように、蘇我入鹿《そがのいるか》暗殺後の政権で、中大兄皇子は浮いていた。即位できず、思い通りにならなかったから、孝徳《こうとく》朝の要人を次々に殺していったということでしかないだろう。もっとも、執拗な嫌がらせが功を奏し、孝徳朝は瓦解《がかい》し、中大兄皇子は孝徳天皇ひとりを難波《なにわ》に残し、役人たちを飛鳥《あすか》に引き戻してしまったのだが……。

問題はこのあとだ。孝徳天皇を孤立させた中大兄皇子ならば、ここで即位してもおかしくはなかった。だがここでも中大兄皇子の腰は重かった。退位していた母（皇極《こうぎょく》）をふたたび担ぎ上げ（斉明《さいめい》）、背後から政権を動かすという手に出たのだった（中大兄皇子が実権を握ったのは、この瞬間からだろう）。

斉明天皇が行った土木工事の一つ、狂心の渠（たぶれごころのみぞ）（復元）

なぜここでも中大兄皇子は即位しなかったのだろう。中大兄皇子に人気がなかったからと推理すると分かりやすい。たとえば、この当時斉明天皇は飛鳥で大々的な土木工事を執り行い、人びとの大ブーイングを受けていたことは名高いが、この批判は、中大兄皇子に向けられていた可能性が高い。その理由は次第に明らかになっていくと思うが、少なくとも、中大兄皇子は名を捨て実を取ったことで、この時代のむずかしいかじ取りをしていたという通説の考えは、事の真相を見誤っている。中大兄皇子は実際には「即位したくてしたくて仕方なかったのに、そうすれば民衆の罵倒の矢面に立たざるを得なかった」というのが、本当のところだろう。

なにしろ当時の人びとにとって中大兄皇子は、改革事業を推し進めていた蘇我氏を滅ぼした大悪人。改革潰しの許し難い奸物《かんぶつ》だったからである。

だいたい、白村江《はくそんこう》の戦いで、中大兄皇子は立場の弱さを露呈している。まず中大兄皇子は北部九州に陣を敷いたが、このとき、母斉明のみならず、後宮《こうきゅう》の多くの女人（額田王《ぬかたのおおきみ》や娘たち）を引き連れている。この行動は謎とされているが、中大兄皇子が古代史の英雄と信じて疑わないから謎は解けないのであって、中大兄皇子が入鹿を殺してみなから嫌われていたと考えると、謎などなくなる。中大兄皇子は遠征中に政敵に女人を人質に取られるのを恐れていただけの話だろう。

◆中大兄皇子の信じがたいほどの不人気の理由

中大兄皇子がヤマトで盤石な体制を固めていないうちに無謀な白村江の戦いに猪突したことは、敗戦後の迷走からもはっきりとしている。

唐《とう》と新羅《しらぎ》の連合軍に大敗北を喫したわけだから、ヤマト朝廷は亡国の危機に見舞われた。いつ大軍が日本列島に押し寄せてくるか、その恐怖は次第に募っていったのだろう。

中大兄皇子は西日本各地に堅牢な山城を築いていく。一段落すると中大兄皇子は、何を考えたか、近江《おうみ》遷都を強行する。このとき、民衆は大反発したのだと『日本書紀《にほんしょき》』は記録し、額田王は「三輪山《みわやま》（ヤマト）から離れたくない」と歌い、また柿本人麻呂《かきのもとのひとまろ》は、「何を考えているんだか……」という内容の万葉歌を残している。こののち中大兄皇子の宮は不審火が絶えなかったというから、踏んだり蹴ったりだ。

中大兄皇子が即位した（天智天皇《てんじ》）のは白村江の戦いから五年後のことで（西暦六六八のことだ。余談ながら、これは、空位が長かったということ。そしてこの三年後に亡くなっているから、入鹿暗殺と白村江の戦いのために生まれてきたようなところがある）、みなに祝福され、背中を押されて王位を獲得したという話とはほど遠い。

なぜこのようなことが言えるのかというと。これまで話してきたように、民衆の不人気を、『日本書紀』も認めていること、さらに最晩年には、天智がもっとも嫌っていたはずの蘇我一族の面々を朝堂《ちょうどう》の中枢に「取り立てざるを得なかった」からである。

なにも好きこのんで獅子身中《しししんちゅう》の虫を連れてくる為政者がどこにいるというのだろう。しかも、左大臣以下、朝堂の要所要所を「蘇我」が固めてしまったのである。これはどう考えても異常なことだ。

だが、白村江の戦い以来の国家の疲弊（それどころか滅亡しかけた）に対する人びとの反発は強く、これを抑えるためには、敵対していた蘇我氏を味方に引き入れ、「妥協しましたからね」という姿を見せる必要があったということだろう。

37

天智と天武はなぜ兄弟で争ったのか

◆なぜ中大兄皇子《なかのおおえのみこ》はヤマトに帰れなかったのか

中大兄皇子は無謀な百済《くだら》救援を目論《もくろ》み、白村江《はくそんこう》で大敗北を喫した。ここに日本は、東アジアで孤立し、中大兄皇子は西日本各地に堅牢な山城を無数に築いた。いつ攻めて来るとも限らない唐《とう》と新羅《しらぎ》連合軍の亡霊に怯《おび》えたのである。

ところで、白村江の敗戦から数年間、『日本書紀《にほんしょき》』の記述のどこを探しても、中大兄皇子がヤマトに戻ったとは書いていない。そして、唐突な近江京《おうみきょう》遷都である。防衛上、ヤマト盆地は西日本の最後の砦にもっとも相応《ふさわ》しく、北部九州を固めた中大兄皇子が、真っ先に戻るべき地はヤマトであった。ところが中大兄皇子がヤマトに帰ってきたという確たる記述が『日本書紀』にはない。

中大兄皇子は、ヤマトには戻りたくても戻れなかったと推理することができる。というのも、「百済救援に向かわずヤマトに居残っていた勢力」と敵対していたとすれば、この時代の中大兄皇子の行動の謎が解けてくるからである。

そしてここが大事なのだが、中大兄皇子の弟と『日本書紀』が記す大海人皇子《おおあまのみこ》（のちの天武天皇《てんむ》）の謎を追っていくと、この時代の「二つの敵対する者ども」の姿があぶり出されてくる。兄弟それぞれが二つの勢力を代表していた疑いが強いからである。

そもそも不可解なのは、大海人皇子の前半生なのだ。中大兄皇子が即位してすぐに大海人皇子は皇太子に指名されたようだ。ただ、それほど信頼する弟であるのなら、なぜそれ以前、中大兄皇子は大海人皇子を重用しなかったのだろう。『日本書紀』を読む限り、乙巳《いっし》の変や大化改新《たいかのかいしん》、白村江《はくそんこう》の戦いという中大兄皇子の活躍の場面で、一度も大海人皇子は姿を現していなかったのである。

『日本書紀』は天武天皇のために書かれたというのが一般的な考えだが、そうであるならばなおさらのこと、なぜ大海人皇子の前半生は空白なのだろう。なぜ中大兄皇子と行動をともにしていたと記録しなかったのだろう。

◆大海人皇子の謎を解く二つの氏族

天智天皇《てんじ》は晩年、弟ではなく子の大友皇子《おおとものみこ》の即位を願うようになった。病を患い、老い先短いと悟った天智には、焦りがあったのだろう。病床に大海人皇子を呼び出し「皇位を譲ろう」と誘いをかけ、罠にはめようと企んだ。大海人皇子が首を縦に振れば「謀反《むほん》!!」

と決めつけ、殺す腹づもりでいたようだ。

だが、大海人皇子は機転をきかせて出家して、そのまま吉野に去ってしまった。天智にとってみれば、皇位を大友皇子に譲ることはできても、吉野の大海人皇子の動向が不安でならなかったろう。事実、天智の死後、西暦六七二年、大友皇子と大海人皇子は激突し（壬申《じんしん》の乱）、大海人皇子が大勝利をおさめ、天武天皇となる。

こうして見てくれば、天智と天武は、兄弟でありながら対立し、また対立していても、相手を受け入れざるを得ないという微妙な関係にあったかのようだ。

なぜこのようなことになったのかといえば、大海人皇子の取り巻きたちの顔ぶれに、ヒントが隠されているように思われる。というのも、壬申の乱に際し、蘇我《そが》氏と尾張《おわり》氏の二つの氏族が、大海人皇子を強力に後押ししたからである。

蘇我氏と尾張氏がどのような活躍をしたのかについては、次節で触れる。ここで強調しておきたいのは、他の拙著（『壬申の乱の謎』ＰＨＰ文庫など）のなかで繰り返し述べてきたように、蘇我氏と尾張氏は、まるで同族のような親密さだったこと、これら「蘇我的な豪族」が大海人皇子を後押ししていたという事実なのだ。

「蘇我」が大海人皇子に荷担したのはなぜだろう。それは、「乙巳の変で中大兄皇子が蘇我入鹿《いるか》を殺し、蘇我氏はいったん逼塞《ひっそく》したものの、中大兄皇子の失政（白村江の戦い）に抵抗し（あるいはヤマトに立て籠もり）、中大兄皇子もこれを無視することができず、近江朝で重用した。しかし、虎視眈々《こしたんたん》と復活と復讐を目論んでいた蘇我一族は、尾張氏とともに大海人皇子を後押しすることで、天智政権打倒を計画した」ということではあるまいか。

唐・新羅連合軍からの防衛のために築かれた山城の一つ、対馬の金田城跡

つまり、大海人皇子と蘇我がつながっていたこと、「大海人皇子や蘇我」の方が民衆の人気が高く、当然天智天皇や中臣鎌足の人気は低かった事実を、中臣《なかとみの》鎌足《かまたり》の子の藤原不比等《ふじわらのふひと》が中心となって編纂された『日本書紀』は、記録することができなかったということに過ぎなかったのではあるまいか。

38 謎めく壬申の乱

◆壬申《じんしん》の乱最大の謎とは……

壬申の乱（六七二）は、古代史最大の争乱である。『日本書紀《にほんしょき》』にも克明に記録された内乱であるが、どうにも解きがたい謎がいくつも隠されている。

もっとも大きな謎は、乱の勝敗にある。というのも、どう考えても、大海人皇子《おおあまのみこ》に勝ち目はなかったにもかかわらず、結果は逆だったからだ。蓋を開けてみると、雪崩《なだれ》のように、一気に大海人皇子は近江朝《おうみちょう》を転覆してしまったのである。

だいたい、ほとんど裸同然のまま東国に逃れた大海人皇子が、朝廷の正規軍を抱えた大《おお》友皇子《とものみこ》に勝てるはずはなかったのだ。ところが、『日本書紀』には奇怪な記事が載っている。大海人皇子が東国に逃れたという情報が近江朝に届けられたとたん、近江朝の多くの兵士が武器を捨て逃げまどったというのである。

しかも、天智《てんじ》の死の直前、大海人皇子は「譲位《じょうい》」の誘いを断っていた。ということは、皇位継承権は大友皇子に移ってしまっていたようなものだ。したがって、「謀反人《むほんにん》」

東海地方最大の前方後円墳である断夫山古墳（名古屋市）は、尾張氏の墓といわれる

は大海人皇子であり、大義名分は大友皇子側にあった。その近江朝が、なぜ一気に崩れていったのだろう。

ここに、蘇我《そが》氏と尾張《おわり》氏の活躍の意味を問い直さなければならない。まず、「蘇我」の活躍から見ていこう。

天智が病床に大海人皇子を呼び出したとき、大海人皇子に「ご用心下さい」と進言したのは「蘇我」で、大海人皇子はこの言葉を受けて、天智の禅譲《ぜんじょう》の申し出を断っている。ここでまず、「蘇我」が大海人皇子の命の恩人となった。

次に、近江朝の正面軍が東に進軍し、敵主力部隊といよいよ激突というその時、近江軍の大将を、副将の「蘇我」が殺害し、近江軍は敵前で戦わずして空中分解している。このの ち大海人軍は一気に近江朝になだれ込んでいるから、壬申の乱の最大の功労者は、「蘇我」ということができる。

◆なぜ『日本書紀』は尾張氏の活躍を抹殺してしまったのか

東国の雄族・尾張氏は、壬申の乱勃発直後、裸一貫で吉野から東国に逃避行してきた大海人皇子らを真っ先に迎え入れ、行宮《あんぐう》を建て、軍資金を用意したのだという。

大海人皇子が東国に入っただけで近江朝は大混乱におちいり、逃げまどう人があとを絶たなかったという『日本書紀』の記述は、尾張氏の大海人皇子への加勢を抜きに考えることはできまい。

ところが、ここで不可解なことが起きる。『日本書紀』は、壬申の乱の尾張氏の活躍を無視して、記録していないのだ。

なぜこのようなことが分かるのかというと、『日本書紀』の次に記された正史『続日本紀《しょくにほんぎ》』の中に、尾張氏が壬申の功臣だったこと、功績を称えて、子孫にご褒美《ほうび》を与えたという記事が載っているからなのだ。

そのいっぽうで『日本書紀』は、天武（大海人皇子）天皇の崩御《ほうぎょ》（死）後の殯《もがり》（葬儀）

で、尾張氏同族の大海《おおあま》氏が壬生《みぶ》の誄《しのびごと》（天武天皇の幼少時代の様子を語り、偲《しの》ぶこと）をしたと記録している。これは、大海氏が天武天皇の養育に関わっていた可能性の高いことを示していて、天武と尾張氏の関係の強さを雄弁に物語っている。

では、なぜ『日本書紀』は、尾張氏の壬申の乱における活躍を抹殺してしまったのだろう。そして、蘇我氏と尾張氏が緊密な関係にあったことと、『日本書紀』の「尾張隠匿《おわりいんとく》」は、つながっていたのだろうか。

そこで次節で、壬申の乱の謎を解くために、『日本書紀』の性格について考えておかなければならない。

39

『日本書紀』は誰が何を目的に書いたのか

◆『日本書紀《にほんしょき》』にまつわる動かし難い常識

古代史を解明するためにもっとも重要な文書は何かといえば、西暦七二〇年に編纂《へんさん》された正史『日本書紀』をおいてほかにはない。

ところが、『日本書紀』に関して、これまで誤った考えが罷《まか》り通っていた。それは、「『日本書紀』は天武《てんむ》天皇が発案し、天武天皇の正統性を主張するために書かれたもの」というものである。

たしかに、『日本書紀』の天武十年（六八一）三月の条《じょう》には、歴史書編纂事業の開始は天武天皇の発案であったと記されている。そして、天武の遺志は皇后で天武死後に即位した持統《じとう》女帝に引き継がれて、また、天武の子の舎人《とねり》親王（編纂の最高責任者になっている）らの手で『日本書紀』は完成していた。これならば、どう考えても、『日本書紀』は天武のために書かれた、ということになる。

この結果、『日本書紀』は天武天皇の「甥《おい》殺し」、つまり、壬申《じんしん》の乱によって近江《おうみ》朝を倒

系図

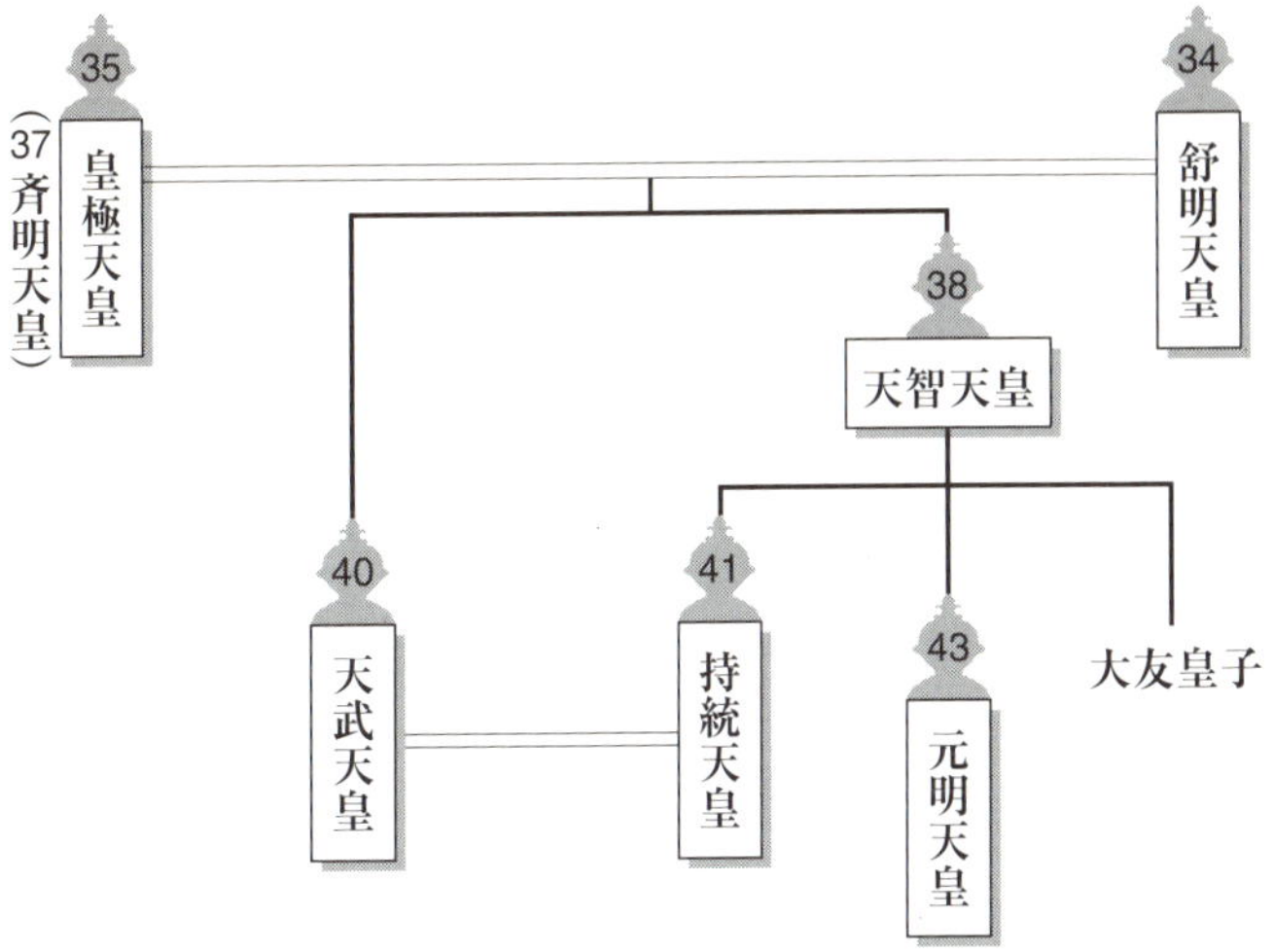

したことを正当化するために、さらには、天武系の王家の正統性を証明するために編纂されたものにほかならないということになった。

たしかに、『日本書紀』の中で天武天皇は特別扱いで、壬申の乱だけに一巻を割《さ》いていたり、また『古事記《こじき》』の序文にも、この歴史書の編纂が天武天皇の発案によってはじめられたという記事が残されている。天智《てんじ》系の王家から天武系の王家に入れ替わった結果、歴史書の編纂が必要になった、ということになろうか。

ところが、このような常識を当てはめると、どうしても理解できない矛盾が出てくるのだ。

◆誰が『日本書紀』を書いたのか

『日本書紀』が天武天皇のために書かれていたとなると、おかしなことが起きてくる。というのも、天武の王家はのちに天智系に取って代わられ、平安朝に入っていくのだが、平安時代になっても、『日本書紀』は守られ、重視され続けるからである。

もし『日本書紀』が、通説のいうように、天武天皇のために書かれたというのならば、なぜ平安王朝は、恨みを持つ政敵の歴史書を、焼き捨てなかったのだろう。ここに、『日本書紀』の本当の謎が隠されているのだ。

ここで、壬申の乱の直前に話を戻そう。

日本初の漢詩集『懐風藻《かいふうそう》』には、中臣鎌足《なかとみのかまたり》の晩年、この人物が大友皇子《おおとものみこ》の即位を願っていたこと、大海人皇子を「奸物《かんぶつ》」とみなしていたという記事が残されている。この記事を取りあげるまでもなく中臣鎌足は天智の懐刀《ふところがたな》だったのだから、できれば大海人皇子を排除したいという考えを持っていたことだろう。

中臣鎌足が天智と息子の大友皇子を支持し、かたや「蘇我《そが》」が大海人皇子を支持していたこと、この二つの勢力の思惑が激突し、大海人皇子が勝利を収めた事実を軽視しては分かるものも分からなくなる。

すでに触れたように、乙巳《いっし》の変の「蘇我潰し」と、壬申の乱の「蘇我の大海人皇子加勢（天智系王家潰し）」は、深い因縁でつながっていたはずだ。だが、「蘇我」の後押しをもらった天武天皇であったならば、なぜ「蘇我＝大悪人」という歴史認識を、後世に残したというのだろう。

そこで問題となってくるのが、『日本書紀』が完成したとき、誰が朝堂《ちょうどう》を牛耳っていたか、ということだろう。『日本書紀』の完成は、天武天皇の死後数十年たっており、正確に言えば、『日本書紀』は「天武にとって都合のいい歴史書」なのではなく、「天武天皇の死後数十年後の政権にとって都合のいい歴史書」だからである。

ここに、問題の人物が登場する。それが、藤原千年の繁栄の基礎を築いた藤原不比等《ふじわらのふひと》なのだ。藤原不比等は天武天皇亡き後、持統天皇に大抜擢され、めきめきと頭角を現していた。『日本書紀』編纂当時、朝堂を牛耳っていたのはこの男だ。だからこの「権力者」の強い意志が『日本書紀』に反映されていたと考えるのが常識的なのだ。

そして、不比等が中臣鎌足の子供だったというところに、話の妙がある。はたして不比等が、「父の敵＝天武」を礼賛しただろうか。そして、「父の功績＝蘇我潰し」を礼賛せずにいられただろうか。『日本書紀』が「藤原（中臣）」の手で書かれたと考えれば、多くの謎が解けてくるのである。

40 天武天皇はなぜ独裁政治を行ったのか

◆皇親《こうしん》政治の謎

壬申《じんしん》の乱（六七二）を制した大海人皇子《おおあまのみこ》は、都を飛鳥《あすか》に戻し、即位する。天武《てんむ》天皇（在位六七三〜六八六）の誕生だ。

天武が選んだ飛鳥の地は「蘇我《そが》」の根城であり、せっかく整備されつつあったろう近江《おうみ》京《きょう》を捨てたのは、天武と蘇我が近しい間柄だったからだろう。逆に、飛鳥は天智《てんじ》にとって居心地の悪い土地だったはずだ。蘇我の恨みつらみが、この土地には染みついているようにすら感じていたかもしれない。

くり返すが、白村江《はくそんこう》の戦いで窮地に陥った中大兄皇子《なかのおおえのみこ》がヤマトに戻りたくても戻れなかったのは、飛鳥やヤマトに「反中大兄皇子」を標榜《ひょうぼう》する豪族たちが待ちかまえていたからだろう。

このように、天武が近江朝を敵に回して勝利をつかむことができたのは、「蘇我」を味方につけたからにほかならない。したがって即位後の天武は、「蘇我」が推し進めていた律令《りつりょう》整備にも、積極的だったのだろう。

ところが、ここから天武は、「親蘇我」には似つかわしくない行動に出る。

というのも、即位した天武は、居並ぶ豪族層を朝堂《ちょうどう》から排除するかのように、左右大臣以下の人事を指名せず、身内の皇族だけで政局を仕切るという独裁体制を敷いてしまったのだ。これが有名な「皇親政治」である。

天武はいったい何を血迷ったのだろう。なぜ恩を仇《あだ》で返すような独裁体制を敷いてしまったのだろう。そしてなぜ、天武天皇は、まるで時代に逆行したかのような暴挙に打って出たのだろう。力で政権を獲得した為政者の驕《おご》りということだろうか。

◆方便としての独裁体制

天武天皇の謎の皇親政治。鍵を握っているのは、やはり「蘇我」ではないだろうか。

天武天皇は、「蘇我」の後押しを受けて壬申の乱を制した。では、なぜ「蘇我」は天智や大友皇子《おおとものみこ》ではなく、天武天皇を待ち望んだのだろう。

思い返してほしい。かつて日本の律令制度は、蘇我氏が邪魔だてして整備がおくれ、中大兄皇子や中臣鎌足の乙巳《いっし》の変（入鹿《いるか》暗殺）によって大きく進展したと考えられていた。

もちろんこれは、『日本書紀《にほんしょき》』の「言い分」をそのまま受け止め、あからさまな勧善懲悪の世界を疑いもしなかったから導き出された答えだった。

ところが近年の研究の進歩によって、蘇我氏こそが、律令制度の導入に積極的だった可能性が高くなってきたのだ。そしてここで注意すべきは、天武十年（六八一）に編纂が着手され、持統《じとう》三年（六八九）に施行された飛鳥浄御原令《あすかきよみはらりょう》のことだ。この法典こそ、日本で最初の体系的な律令であり、天武天皇が蘇我氏の意を受けて、律令体制作りに奔走していた可能性は高いわけである。

ならば、逆算して考えればいいのだ。律令を整備するために、天武は独裁体制を敷く必要があったということではなかろうか。

どういうことか、説明しよう。

まず、律令制度は単なる法整備が目的なのではないことはすでに触れた。土地改革、税制改革でもあった。豪族たちの支配していた私有地をまず朝廷が吸い取り、全国の戸籍《こせき》を作って頭数を調べ上げた上で公平に土地を民衆に分配し、毎年効率的に税を吸い取ろうという制度でもあった。

もちろん、土地を手放す豪族は、黙っていない。なにかしらの見返りを求めただろう。だから朝廷は、差し出された土地に見合った地位と仕事を与えなければならない。とはいっても、不平不満は当然噴出したに違いない。いくら公平に差配《さはい》しても、隣の芝生がきれ

天武天皇は都を飛鳥に戻した（飛鳥寺・元興寺）

いに見えるのは、いつの世も変わりがない。

しかも、「あの豪族にはこの官位と役職を」という作業を、左大臣《さだいじん》や右大臣《うだいじん》以下、朝廷に集《つど》った権力者たちが仕切ったとしても、彼ら自身が土地を奪われる立場の人間であり、多くの利害関係に縛られているのだから、はたして公平な裁量が期待できたかどうか、じつに怪しい。同じ豪族層たちの分配作業に、他の豪族が「はいそうですか」と簡単に従ったとも思えない。

そこで、律令体制が確立する直前、天武が独裁体制を敷き、大鉈《おおなた》を振るい、一気に土地改革、税制改革を断行しようと目論《もくろ》み、それが皇親政治となったと考えられる。

41 天武は天智の弟ではなかった?

◆なぜ天武《てんむ》は蘇我《そが》氏とつながっていたのか

壬申《じんしん》の乱で蘇我氏が天武天皇（大海人皇子《おおあまのみこ》）に荷担したのはなぜだろう。なぜ天武と蘇我と尾張《おわり》は強い絆で結ばれていたのだろう。

どうやらヒントは意外な場所に残されていたようだ。それは、天武や天智《てんじ》について記した中世の文書だ。そこには、『日本書紀《にほんしょき》』に記された天武と天智の関係を疑うような記述があり、このことから、両者の意外な関係があぶり出されてくるのである。

さて、天武天皇と天智天皇はともに舒明《じょめい》天皇と斉明《さいめい》天皇（皇極《こうぎょく》）の間の子で、天武天皇が天智天皇の弟と『日本書紀』は記録している。舒明天皇と斉明天皇は、「蘇我」とは血縁でいうと、ほとんど接点がないのだから、この系譜から見ただけでは、なぜ「天武だけ」が蘇我と強い接点を持っていたのか、その理由がはっきりとしない。

そのいっぽうで、『日本書紀』はどういう理由からか、天武天皇の生年を書き残さなかった。だから天武天皇が何歳で亡くなられたのかがはっきりしない。

なぜ天武の年齢ははっきりとしないのだろう。そうではなく、天武の本当の年齢を『日本書紀』は記録できなかったのではなかろうか。というのも、『日本書紀』が言葉を濁した天武の年齢を、多くの中世文書が「饒舌《じょうぜつ》」なまでに語っていて、しかも、天智よりも天武の方が年上だったとする記述が目立つのである。

もちろん通説は、「現場に近い人間の証言（ようするに『日本書紀』）の方が正しいに決まっている」といい、また、「朝廷の正史が語っていることと、後の世のどこの馬の骨ともしれぬ者たちの言葉とを比べたら、どちらが正しいかは一目瞭然」といって、「天武が年上」という中世文書の記述を無視している。

だが、八世紀の朝廷が三世紀の歴史を熟知していたにもかかわらず、いや、知っていたからこそ事実をねじ曲げたように、天武の本当の年齢を知っていたからこそ、記録できなかった可能性を否定することはできないはずだ。だいたい、正史が「天武は弟」とすでに断定しているにもかかわらず、後世の人びとが『日本書紀』の記述を無視していること自体、異常なのであって、その原因は、天武と天智の兄弟関係が逆だったという話が、一般に広く語られていたのではないかと勘《かん》ぐらざるを得ないのである。

◆斉明天皇の初婚の相手は「蘇我」?

大和岩雄氏は、『日本書紀』に記された斉明天皇の奇妙な「男性遍歴」に注目している。それによれば、舒明天皇に嫁ぐ以前、斉明は高向王《たかむくのおおきみ》なる人物と結ばれ、漢皇子《あやのみこ》を産み落としていたというのだ。

大和氏は、この系譜を重視し、中世文書のいうとおり、天武が天智の兄とすれば、該当するのはこの漢皇子以外には考えられないと指摘し、さらに、天武天皇と高向王、漢皇子の接点をいくつもあげて、「天武＝漢皇子説」を展開している(『天武天皇出生の謎』六興出版)。つまり天武は、『日本書紀』の記述とは違い、天智の兄で母親を同じくし、父親を異にしていたことになる。

この中で興味深いのは、高向王と漢皇子の親子が、「蘇我」といくつもの接点を持っていたという指摘であり、天武天皇が蘇我系の皇族であった可能性が高いことだ。その証拠に、天武天皇の諡号《しごう》「天渟中原瀛真人天皇《あまのぬなはらおきのまひとのすめらみこと》」には、「ヌ＝瓊《ぬ》＝ヒスイ」が入っていて、のちに触れるように、ヒスイと「蘇我」は、深い縁で結ばれていた。

そして、天武天皇に蘇我氏の息がかかっていたと考えれば、壬申の乱の前後、蘇我氏がなぜ体を張って天武を後押ししたのか、なぜ『日本書紀』が、天武の正体をはっきりと記すことができなかったのか、その理由がはっきりとしてくる。

それだけではない。白村江《はくそんこう》の敗戦後、なぜ天智は天武を無視できなかったのか、その理由もはっきりとしてくる。白村江の戦いに反発していた蘇我系を中心とする反天智派の豪族たちを懐柔するためには、蘇我系の天武を身内に引き込み、天武を皇太子に立てることで、「蘇我」を懐柔し、妥協を図ったということだろう。

また、天武が乙巳《いっし》の変の入鹿《いるか》暗殺に参加しなかったのは、この人物が「蘇我」であったとすれば、当然すぎるほど当然の事態であった。ようするに、天武と天智は、血は半分つながっていたが、政敵同士の関係にあったわけである。

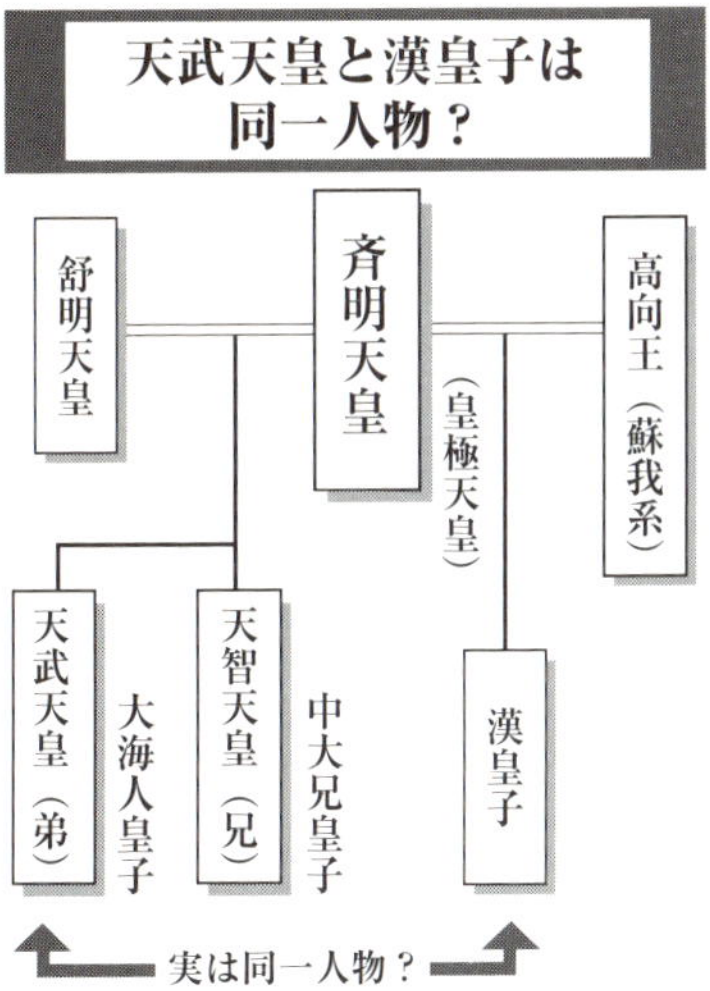

だから壬申の乱を制すると、天武は「皇親《こうしん》政治」という極端な政治体制を敷いて、「蘇我」の悲願であった律令《りつりょう》制度の導入に奔走したということになる。

42

大津皇子の悲劇はなぜ起きたのか

◆天武《てんむ》死後の不穏な情勢

天武天皇は道半ばで倒れた。飛鳥浄御原令《あすかきよみはらりょう》の完成目前にして、帰らぬ人となってしまった。朱鳥《あかみとり》元年（六八六）九月のことだ。

もし仮に、天武在世中に律令《りつりょう》の原形さえ完成していたら、あるいは天武自身がもう少し長命だったならば、その後の歴史は、大きく変わっていたに違いない。

なぜそういえるのか……。天武天皇の死後、政局は大きく混乱し、天武の遺志は踏みにじられてしまったからである。以下何節かその様子を見ていこう。

さて、『日本書紀《にほんしょき》』によれば、天武天皇の崩御《ほうぎょ》直後の十月、大津皇子《おおつのみこ》が謀反《むほん》を起こし、捕縛された翌日、間髪《かんはつ》入れずに処刑されたと記されている。このとき大津の妃《きさき》の山辺皇女《やまべのひめみこ》は、髪を振り乱し裸足で駆けつけ、大津皇子のあとを追って亡くなり、それを見た人びとは嘆き悲しんだとも記されている。

大津皇子は天武天皇と大田皇女《おおたのひめみこ》の間の子で、大田皇女の妹が鸕野皇女《うののひめみこ》（のちの持統《じとう》天皇）

で、鸕野と天武の間の子が、皇太子の草壁皇子《くさかべのみこ》だった。

文武両道に秀《ひい》で、人気の高かった大津ではなく、草壁皇子が皇太子だったのは、大田皇女が若くして亡くなり、鸕野が正妻＝皇后位を射止めていたからとされている。ただし、『懐風藻《かいふうそう》』には、大津皇子が「太子＝皇太子」だったと記されていて、このあたりの事情は、よく分からない。『日本書紀』の記述を信じて疑わない通説は、草壁が皇太子であったことを疑っていないが……。それはともかく……。

鸕野皇女は草壁皇子の即位を強く願っていたが、病弱で人気がなかったから、大津皇子を強く意識していたようだ。草壁が皇太子だとしても、安穏としていられなかったのだろう。どうやら大津皇子は、鸕野皇女の魔の手にかかったようなのだ。

◆なぜ大津皇子は伊勢に向かい『日本書紀』はこの行動を指摘しなかったのか

『日本書紀』を読むかぎり、大津皇子がどのような形で謀反を起こそうとしたのかは、はっきりとしたことは分からない。ところが『万葉集《まんようしゅう》』には、奇妙な記事が残されている。大津皇子は捕縛される直前、伊勢斎宮《さいぐう》を務めていた姉の大来皇女《おおくのひめみこ》のもとを尋ねていたというのである。

大来皇女に会うために伊勢にいったのかどうかは分からない。もっとほかの、政治的な

大津皇子はなぜ伊勢に向かったのか？（伊勢神宮・内宮）

理由があったのかもしれない。伊勢の目と鼻の先が（おそらく船で渡るのだろう）、壬申《じんしん》の乱で父・大海人皇子《おおあまのみこ》を支援した尾張《おわり》氏の地盤であることも、こうなってくると大きな意味を持っていた可能性を秘めている。

問題は二つある。まず第一に、まだ喪が明けていない段階で、大津皇子が都を勝手に飛び出し、秘密の行動をしていたことだ。この行動の真意ははっきりとしない。ただし、それ以上に問題なのが、この事実を『日本書紀』は、「大津皇子謀反の動かぬ証拠!!」と、高々と掲げることができたのに、どうした理由からか、この大津皇子の怪しげな行動を、無視してしまったことである。

『日本書紀』は大津皇子を謀反人扱いするが、何か隠された真相があるに違いない。おそらく事件は冤罪《えんざい》であり、草壁かわいさの余り、鸕野皇女が天武の殯《もがり》のどさくさにまぎれ、邪魔者を抹殺したというのが本当のところだろう。このことは、やはり『万葉集』のその後の記述からもうかがい知ることができる。

大来皇女は大津皇子の死後、朝廷の許しもないまま都に舞い戻り、大津皇子の亡骸《なきがら》を勝手にヤマト盆地西方の二上山《ふたかみやま》に移葬したという。二上山はヤマトを代表する霊山であり、これを朝廷が黙認せざるをえなかったところに、事件の異様さが隠されている。

とにもかくにも、大津皇子の悲劇が、天武朝の悲劇の端緒となっていく。

43

草壁皇子の悲劇と持統天皇の秘められた野望

◆鉄の女人《にょにん》を母に持った悲劇

草壁皇子《くさかべのみこ》は鸕野皇女《うののひめみこ》の一粒種だ。

『日本書紀《にほんしょき》』の記述を信じれば、草壁皇子は皇太子だったのだから、天武《てんむ》天皇の崩御《ほうぎょ》後、自動的に皇位を継承できるはずだった。ところが、こののち三年の空しい歳月を過ごし、玉座を手にすることなく病没してしまうのである。

この時期は、何度もいうように、律令《りつりょう》制度導入直前の混乱期だった。強いリーダーシップが求められ、もちろん、政局が安定していることに越したことはない。それならば、いくら病弱とはいえ、「空位」を放置しておくことは、常識では考えられない。いったい飛鳥《あすか》の地で、何が起きていたのだろう。そして、誰が草壁皇子の即位を邪魔だてしていたのだろう。あるいは、即位するだけの体力が草壁皇子に残っていなかったということなのだろうか。

ひとつのヒントは、草壁皇子の死後、鸕野皇女が即位し、持統《じとう》天皇となってしまったところにある。

なぜこれがヒントかといえば、「三年の空位」もさることながら、「鸕野の即位」も、常識では考えられないからなのだ。というのも、鸕野皇女は天武天皇の「皇后」という地位を振りかざして「夫の遺志を継承する」というお題目で皇位を射止めたのであろうが、鸕野皇女の即位には大きな障害があった。それは、鸕野皇女が天智《てんじ》天皇の娘であったことで、壬申《じんしん》の功臣が数多《あまた》残っているなかでは、即位できる可能性は低かったのである。

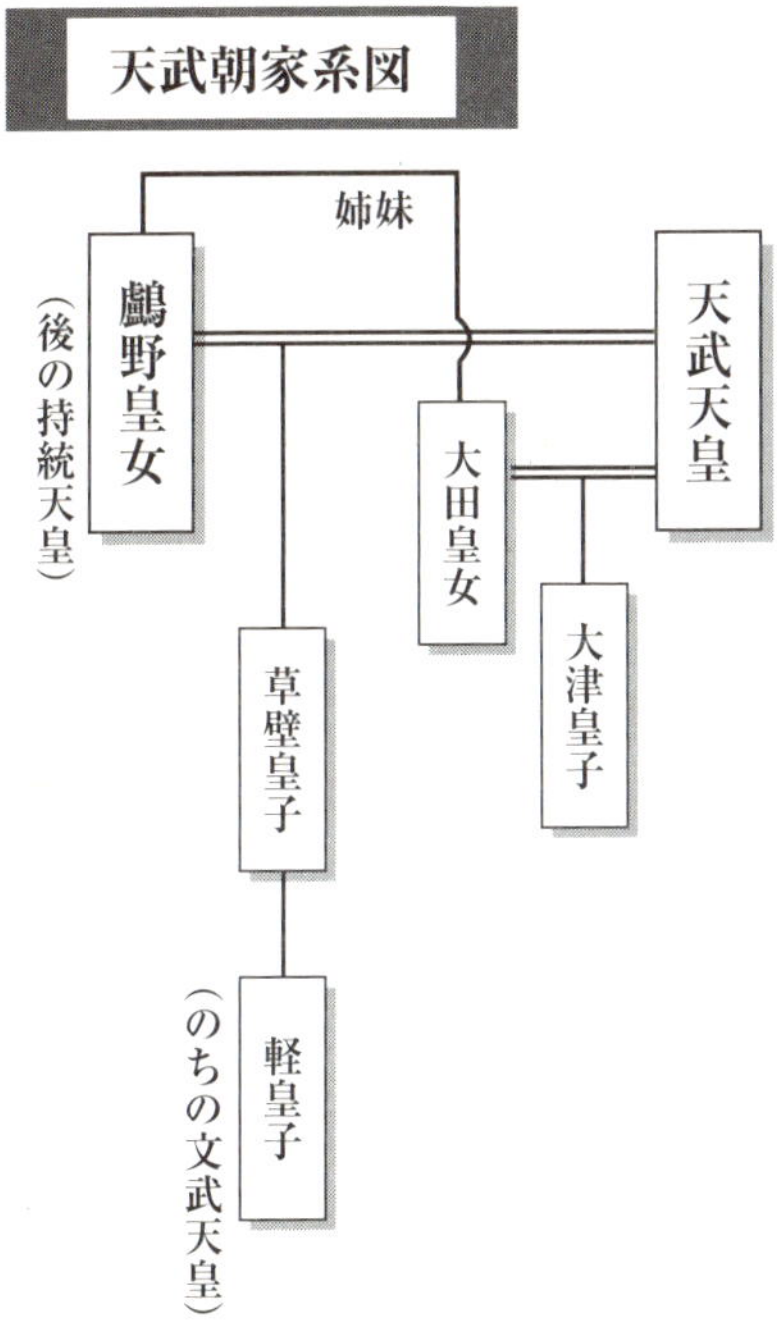

また、天武天皇の優秀な皇子が肩を並べる中で、彼らを出し抜き即位できた理由も、答えは簡単には見つかりそうにもない。
鸕野が無理を承知で皇位を狙ったのだとすれば、そ

の目的はなんだろう。

「権力欲を満たしたかったから?」

それもあるだろう。だが、ひとつ穿《うが》った見方を許されれば、鸕野の本当の目論見《もくろみ》は、「何がなんでも自分が皇位を」ということではなく、「夫の天武朝を継承するかのように見せかけて、実質的に天智朝を復活させよう」というものではなかったか。

草壁が長生きしてくれるのなら、草壁の幼い子・軽皇子《かるのみこ》(のちの文武《もんむ》天皇)にも、皇位は継承されるだろう。しかし、仮に「草壁天皇」がすぐにこの世を去ってしまうようならば、天武系の皇子の誰かが、皇位をさらっていってしまうに決まっている。そうなったら、天智王家復活の芽は永遠に絶たれる。

そうではなく、「運良く」早い段階で草壁が亡くなってくれたら、その時こそ、「夫の遺志を引き継ぐのだから」という大義名分を掲げて、堂々と即位できるというのが、鸕野皇女の算段ではなかったか。だからこそ、草壁皇子が中途半端な形で即位してもらっては困ったのではあるまいか。

◆持統天皇と藤原不比等《ふじわらのふひと》の結託

それにしても、鸕野が皇位を狙うというのは無謀な考えで、普通なら成就しがたいことであったろう。ところが、ここにひとりの参謀が加わることで、ことは成就してしまったのではなかったか。

それが中大兄皇子《なかのおおえのみこ》（天智天皇）の懐刀《ふところがたな》・中臣鎌足《なかとみのかまたり》の子・藤原不比等その人である。

もし仮に、私見にいうように、鸕野の野望が「天智朝の復活」にあったとしたら、入れ知恵をしたのは、不比等だったろう。「二人の父の夢を叶えましょう」という合い言葉が、二人の間にかわされたかどうかは定かではない。しかし、平安時代に書かれた『扶桑略記《ふそうりゃっき》』には、持統天皇の即位儀礼は、信じがたいことに、藤原不比等の「私邸」で執り行われたと記録されている。

この記述がどこまで正確なのかははっきりとはしていない。しかし、火のない所に煙は立たない。藤原不比等は、「鸕野」という素材をたくみに料理し、無理を承知で、既成事実を積み重ねていくという手法で、周囲を煙《けむ》に巻いていったのではなかったか。

少なくとも、「鸕野と不比等は親密な関係にあった」こと、さらには、「鸕野と不比等が非常識な行動で政権を牛耳《ぎゅうじ》った」という印象が後世に語られ、「持統は不比等邸で即位した」という話につながっていったのではあるまいか。

いずれにせよ、鸕野皇女の異常な執念が、藤原不比等を招き寄せ、父たちに勝るとも劣らない名コンビを結成した、ということであろう。

44

女神に化けた持統天皇

◆男のはずの太陽神・天照大神《あまてらすおおみかみ》が女神という不思議

持統《じとう》天皇と藤原不比等《ふじわらのふひと》は、本当に天智《てんじ》王家の復活を目論《もくろ》んでいたのだろうか。これを証明する手だてはあるだろうか。

ヒントは意外な場所に隠されている。それは、かつて「絵空事《えそらごと》」として見向きもされなかった「神話」なのである。

日本の神の中でも、もっとも有名で、もっとも尊ばれている神と言えば、誰もが天照大神の名を挙げるだろう。女神で太陽神で、高天原《たかまのはら》の支配者であり、伊勢神宮に祀《まつ》られる神だからだ。

だが、天照大神にはいくつもの謎が隠されている。

まず第一に、すでに触れたが、『日本書紀《にほんしょき》』のなかで天照大神ははじめ大日孁貴《おおひるめのむち》の名で登場している。これは日《ひ》の巫女《みこ》の意味で、太陽神を祀る巫女なのだから、祀られる側の太陽神とは対極の存在なのだ。

なぜ「太陽」が男性でなければならないのか、理由もはっきりしている。「太陽」は「陽」で、男性的な性格を持っていて、だからこそ、巫女がこれを祀るわけである。

じっさい天照大神が祀られる伊勢神宮でも、はじめ男性の太陽神が祀られていたが、八世紀にヤマト朝廷の「女神の太陽神」に入れ替わっている。

大切なのは、本来男神であるはずの太陽神が、『日本書紀』のなかで女神の天照大神に替えられてしまったことだ。しかも天照大神は、はじめ大日孁貴の名で登場していたのに、異伝《いでん》の中で天照大神と記されてしまっている。大日孁貴が太陽神を祀る巫女で、天照大神が太陽神なのだから、神話そのものの中に、大きな矛盾を抱えていたわけだ。

ではなぜ『日本書紀』は、無理を承知で、天照大神という女性の太陽神を捏造《ねつぞう》してしまったのだろう。

◆天孫降臨《てんそんこうりん》神話を創作したのは持統と不比等

上山春平氏は『神々の体系』『続神々の体系』（いずれも中公新書）の中で、神話の天照大神は、持統天皇そのものだと指摘している。理由は神話のあらすじの中にある。世に名高い天孫降臨神話である。

さて、高天原の支配者・天照大神は、出雲《いずも》の国譲りが終わると、子供を地上界に送り込み、支配させようと目論んだ。ただし、ちょうどこのとき、孫のニニギが生まれたので思い直し、孫を地上界に降ろしたのだった。こうしてニニギは日向《ひむか》の高千穂峰《たかちほのみね》に降臨したのである。

思い出してほしい。持統天皇の子・草壁皇子《くさかべのみこ》は、皇太子の地位にありながら、地上界の覇者として君臨することができなかった。その代わり、持統自身が即位し、紆余曲折《うよきょくせつ》を経て、孫の軽皇子《かるのみこ》を即位させることに成功したわけである（文武《もんむ》天皇）。この図式は、まさに神話の天孫降臨と瓜二つではないか。

それだけではない。天孫降臨は天照大神が主導したかのように記しておいたが、出雲の国譲りから天孫降臨に至るまで、じつは高皇産霊尊《たかみむすひのみこと》というあまり一般には知られていない神が、指揮を取っていたのだ。上山春平氏は、この高皇産霊尊こそ、持統の側近で多くの陰謀を張り巡らせた藤原不比等にほかならないとする。

卓見といわざるを得ない。天孫降臨神話の系譜と、じっさいの持統天皇から文武、聖武《しょうむ》天皇に続く天皇家の系譜は、ぴったりと重なってくるからである。

このように、『日本書紀』神話は、持統や不比等の正統性証明を行っていたのであって、また、天智の娘＝持統が、新たな王家を開くことによって、天武系の王家は、観念的に天智系の王家に入れ替わっていたことになる。

天照大神を祀る伊勢神宮・内宮

ニニギは日向の高千穂峰に降臨した

45

なぜ持統天皇と藤原不比等のコンビが天下を取れたのか

◆古代史最大のターニングポイント

もし通説のいうように、『日本書紀《にほんしょき》』が天武《てんむ》天皇のために書かれていたのなら、高天原《たかまのはら》を支配する太陽神はかならず「男神」の姿で描かれていただろう。つまり、天孫降臨《てんそんこうりん》神話の系譜が、持統《じとう》女帝と目される「女神の太陽神」からはじまっている事実を無視することはできないのである。

くり返すが、壬申《じんしん》の功臣が数多《あまた》残り、しかも天武系の優秀な皇子が居並んでいる中、持統が即位できる条件は、「天武の遺志を引き継ぎ、天武の子や孫を即位させ続ける」ことであったろう。持統と不比等《ふひと》は、血の論理では天武の王統を守りはしたが、観念的には、天照大神《あまてらすおおみかみ》＝持統女帝を始祖とする「第二次天智王家」を完成させていたわけである。

このように、古代史の最大のターニングポイントは、持統天皇の夫に対する裏切りに隠されていたのである。

そして、こののち『日本書紀』が編纂《へんさん》されたのも、「歴史が大きく入れ替わったから」

にほかならない。言い方を換えれば、静かなクーデター、政変が起きていたにもかかわらず、『日本書紀』の巧みな記述によって、政変の存在さえも、悟られずに今まで来たわけである。

それにしても不思議なのは、なぜ天武の王家が、これほどあっけなく、持統天皇や藤原不比等の手でかき回されてしまったのか、ということだろう。

天武天皇は壬申の乱を制し、多くの民衆と豪族の支持を受けて飛鳥《あすか》に政権をうち立てたわけで、「強く安定した政権」だったはずだ。ところが、天武天皇が崩御《ほうぎょ》してからあっという間に、持統と不比等の手でもてあそばれてしまったわけである。

藤原不比等は強大な軍事力を持っていたわけではない。私見が正しければ、不比等は百済《くだら》王豊璋《ほうしょう》（中臣鎌足《なかとみのかまたり》）の子供であり、百済遺民と同様、白村江《はくそんこう》の戦いと壬申の乱の近江《おうみ》朝の敗北によって、政治的な地位を失っていたはずなのである。

なにしろ、近江軍にあって最後まで戦い抜いたのは百済系の遺民や豪族であり、天武王家がこれを優遇するはずもなかったのである。

◆藤原不比等が独り勝ちした理由

藤原不比等は強運の持ち主であったように思う。というのも、もしこの男が違う時代に生まれていれば、「藤原千年」の基礎は、どうあがいても構築できなかっただろうからだ。いくら不比等に知恵があったとしても、この時代に歴史に現れていなければ、名も忘れられ、朽ち果てていたに違いないのである。

では、何が不比等にとって有利に働いたのだろう。

簡単なことだ。律令《りつりょう》制度の完成直前だったからこそ、藤原不比等は他の豪族を煙に巻き、一気に朝堂《ちょうどう》を牛耳ることができたのである。

なぜこのようなことが言えるのか、説明をしておこう。

律令が完成する以前、豪族たちは私有してきた「土地」の広さや「人」の頭数によって、でかい顔をしてこられたのだ。ところが、土地や民の私有が禁じられ豪族はちょうど「裸になって着ていた服を朝廷に預けた」ところだった。もちろん、豪族たちは、「天武天皇だから、信用して服を脱いだ」わけである。

豪族たちは、一度預けた服は返ってこないことは承知していただろう。ただし、渡した分と同程度の服、つまり、「官位」や「役職」を期待していたわけである。

問題は、天武天皇亡き今、誰がその「服」を裁断し、縫い合わせ、それぞれに似合った服を着せてくれるか、ということだった。そしてそれが持統女帝であり、女帝を陰から操る藤原不比等が、一躍不気味な存在として頭角を現したわけである。

藤原氏の氏神・春日大社（奈良市）

しかも、不比等は「律令」そのものの編纂にかかわりを持ったから厄介だった。というのも、「法」は解釈が必要となる。つまり、どのくらいの罪を犯すと法にひっかかるのか、それを裁決する作業が必要となり、基準を作るのは、やはり法律を作った人間ということになる。あるいは、まったく悪いことをしていないつもりでも、権威と権力を持った者に「あなたは法の網にかかることをした」といわれてしまえば、なにもしていないのに罰せられる危険があったわけである。

つまり、不比等は、律令の盲点を悪用して、一気に勢力を伸ばしたわけである。

46

なぜ八世紀の朝廷は邪馬台国を隠匿してしまったのか

◆三世紀と八世紀は直結している?

ここで思い出していただきたいのは、『日本書紀《にほんしょき》』の不可解な記述だ。

すでに触れたように、『日本書紀』は邪馬台国《やまたいこく》やヤマト建国の事情を知っていたのに詳細を語らず、それどころか、事実を抹殺するために、いくつもの時代に分けて語っていた疑いが強いとしておいた。

なぜ八世紀の朝廷は、三世紀の歴史を隠匿《いんとく》する必要があったのだろう。その謎をここまで残しておいたのだ。

しかし、ここに至り、『日本書紀』が持統《じとう》天皇や藤原不比等《ふじわらのふひと》の「政権乗っ取り」の正当性証明のための歴史書であった疑いが強くなってきた。とするならば、三世紀の邪馬台国、ヤマト建国の事情を残すことが、持統たちにとって都合の悪いことだった可能性が高かったことになる。

では、八世紀と三世紀のヤマトの政局に、どのようなつながりがあるのだろう。

そこでふたたび、三世紀の邪馬台国とヤマト建国の鍵を握る二人の人物にご登場願おう。それは、神功皇后《じんぐうこうごう》と武内宿禰《たけのうちのすくね》であり、またの名はトヨと住吉大神《すみよしのおおかみ》である。

まず注目すべきは武内宿禰で、『古事記《こじき》』はこの男を「蘇我《そが》氏の祖」といい、かたや『日本書紀』は蘇我氏の祖の名を掲げず、武内宿禰と蘇我氏のつながりも黙殺した。

一般に、『古事記』にいう蘇我氏と武内宿禰のつながりは、蘇我氏が自家の系譜を飾り立てた結果だろうとしている。というのも、蘇我氏は渡来系の豪族であったとする考えが根強いからだ。

だが、もし通説のいうとおりならば、『日本書紀』は蘇我氏の築いた「虚構」をはぎ取り、「蘇我氏は渡来系の成り上がり」というレッテルを貼っていたに違いない。それができなかったのは、「正体を明かすことができないほど正統な家柄」だったからと察しが付く。

藤原不比等にすれば、あらゆるカラクリを用意して『日本書紀』のなかで「悪役」に仕立て上げることに成功した「蘇我」が、よもやヤマトを代表する正統な豪族であったことなど、おくびにも出せなかったに違いない。そこで、蘇我氏の祖の話は、一言も語らなかったのである。

この、「正統な蘇我の素性《すじょう》をいかに隠すか」が、三世紀の記述が隠匿された理由だろう。蘇我氏の祖が邪馬台国やヤマト建国に活躍していたことを抹殺するために、藤原不比等は三世紀の歴史を湮滅《いんめつ》してしまったということだ。

◆七世紀の蘇我の王権は「トヨの王家」

それだけではない。三世紀と七世紀、八世紀をつなぐ糸はもうひとつある。それが「トヨ」なのである。

神功皇后は「トヨ」と多くの接点を持っていた。なぜなら神功皇后こそが、邪馬台国の女王「台与《とよ》」だったからだろう。そしてそのよきパートナーが蘇我氏の祖・武内宿禰だったわけである。

興味深いのは、七世紀の飛鳥の蘇我の政権が「トヨの王家」だったことだ。名だたる蘇我系の皇族は、どうした理由からか、「トヨ」の名を冠している。たとえば、聖徳太子《しょうとくたいし》は豊聡耳皇子《とよとみみのみこ》、推古《すいこ》天皇の諡号《しごう》は豊御食炊屋姫《とよみけかしきやひめ》、推古天皇の兄の用明《ようめい》天皇の名（橘　豊日尊《たちばなのとよひのみこと》）にも「トヨ」がつく。推古天皇の宮は飛鳥《あすか》の「豊浦宮《とゆらのみや》」で、これは「トヨの港の宮」の意だが、これは神功皇后の宮の名と全く同じなのだ。

さらに、蘇我入鹿《いるか》（あるいは父の蝦夷《えみし》）は「豊浦大臣《とゆらのおおおみ》」の異名を持ち、飛鳥の蘇我の政権と「トヨ」は、目に見えない因果で結ばれている。

推古天皇の宮であった「豊浦宮遺構」。「トヨの港の宮」の意

それだけではない。他の拙著の中で何度も触れたように、トヨや神功皇后は、縄文時代以来の日本固有の神宝《しんぽう》=ヒスイと強くつながっていたが、蘇我氏とヒスイも、強く結ばれていた。七世紀の蘇我氏は、ヒスイの加工を独占していたし、蘇我氏の滅亡とともに、ヒスイは忽然《こつぜん》という言葉が相応《ふさわ》しい形で姿を消してしまったのである。

蘇我の王家が「トヨ」にこだわったのは、彼らがヤマト建国以来の正統な王家であることを自覚していたからであろう。反対に、このの「正統な王家」を叩き潰し、あこぎな手口で「蘇我」を悪役に仕立て上げた藤原政権にしてみれば、「蘇我の正しさ」を抹殺するためにも、三世紀の歴史ごと、闇に葬る必要があったわけである。

コラム　なぜ藤原氏を悪く書くのか？

拙著を読んだ知人から、

「なぜそこまで藤原を悪く書くのか」

と、ときどき聞かれることがある。

別に、意識して藤原氏のことを悪く書いているわけではないし、藤原氏に恨みがあるわけでもない。

ただ、藤原氏の本当の姿を、先入観なしに再現しているだけなのだ。

藤原氏は、近代まで政権にもっとも近い一族であり続けたから、公式の歴史書のなかで、自家の正統性を主張し続けることができた。だから、蘇我入鹿《そがのいるか》暗殺など、藤原氏自身がやらかしてきた「犯罪行為」のことごとくは、ほとんど抹殺してしまったわけである。

そういうわけで、拙著の中で、藤原氏の裏側を見せているだけのつもりなのだが、これまであまりに「中臣鎌足《なかとみのかまたり》」や「藤原」が英雄視されてきたがゆえに、誰もがそのギャップに驚かされるというだけの話だ。

その証拠に、平安時代には、多くの文書が、「藤原」を悪《あ》し様《ざま》にけなしていた。「藤原氏がだいっきらいだ」と、口々に訴えていたのである。

ただ、この時代、藤原氏は時の権力者だったから、名指しして糾弾しているのではなく、「隠語」やら「ほのめかし」「暗示」によって語られていた。

たとえば、『竹取物語』も、あらゆる隠語とカラクリを用意して、藤原の天下を「汚い世の中」と言い放っている。

第五章

日本人を不幸にさせる藤原という名家

47 律令と天皇を支配することで絶大な権力を手に入れた藤原氏

◆藤原氏の繁栄の基礎を作った藤原《ふじわらの》不比等《ふひと》

藤原氏は八世紀来、日本で最高の格式を誇る名家として繁栄を誇ってきたが、その基礎を築いたのは、中臣《なかとみの》（藤原）鎌足《かまたり》ではなく、藤原不比等である。中臣鎌足が藤原氏の繁栄を築いたかのような印象がどこかにあるが、中臣鎌足の死後、壬申《じんしん》の乱によって、藤原氏はいったん没落している。

では、不比等はどのようにしてのし上がったのだろう。私見が正しければ、藤原氏は百済《くだら》王家の末裔《まつえい》であり、よそ者ということになる。そんな彼らが、百済遺民が味方に付いたとはいえ、朝廷を牛耳《ぎゅうじ》るだけの力を、そうやすやすとつけられるとは思えないのだ。ここにはなにかしらのカラクリが隠されていたのではないだろうか。

じつは、不比等が律令《りつりょう》整備の最終段階に頭角を現し、しかも不比等自身が、律令（法制度）作成に参画したところに、大きな意味があった。というのも、「法」とは、施行されたのち、それぞれの案件に関して、「法解釈」が必要となるからだ。どれだけ悪いこと

興福寺は平城京を見下ろす位置に建てられた「藤原の寺」だった

をすれば法の網にひっかかるのか、良いことをしていると思っていたのに、実際には法に触れるということも想定しうる。律令完成直後、これらを判断できるのは、律令を作った者であろう。つまり、ここに至り、藤原不比等は「歩く法律」になったわけであり、不比等の末裔たちも、律令を自家にとって都合のいいように解釈するという手口を用いた。つまり律令は、藤原氏にとって魔法の杖になったわけである。

　また、「法」がそれぞれの時代や実情にあわなければ、少しずつ修正していく必要がある。藤原氏は、都合が悪いことが起きると、「法」を勝手に解釈するだけではなく、藤原以外の者たちが頭角を現すと、それまでの律令の規定にはなかった臨時職き（令外《りょうげ》の官）を作って、「天皇に準じる者（ようするに何をやってもかまわないというお墨付きをもらう）」にしてしまうという、あこぎな手段を用いた。

◆律令と天皇を支配した藤原氏

藤原が支配したのは、「律令」と、あともうひとつ、「天皇」である。

律令における天皇の地位とはどのようなものだったのだろう。天皇には、藤原氏らの務める合議機関・太政官《だいじょうかん》で決められた案件を、「認める」という役目があった。行政や軍隊は、天皇の「印《いん》」が押された文書が発行されてはじめて動き出すわけである。

このように書くと律令下の天皇には、かなり強い権限が与えられていたかのように見えるが、実態は、太政官で決められたことに逆らうことはできなかったし、「追認」、「任せっきり」が実態だった。したがって、天皇に政治力はほとんどなかったというのが本当のところだ。

ただし、だからといって、藤原氏は天皇を放っておかなかった。自家の女人《にょにん》を天皇の妃に据え、皇子が生まれると、これを即位させた。藤原氏は天皇家の外戚《がいせき》となることによって、この上ない権威を獲得したし、いざというときは、律令の枠に縛られない（ようするに法によって罰することができない）天皇を前面に押し立てることで、他の並みいる諸勢力を圧倒したのである。

このように、「律令」と「律令に縛られない天皇」という二つを支配した藤原氏には、もはや恐いものはなくなったのである。

「その他諸々」の旧名家は、かつての発言力の源泉であった土地と私有民を朝廷に差し出してしまったから、もはや対抗できるすべを失っていた。それどころか旧名家は、働きに見合った官位と役職をもらうことによって命脈を保っていたのだから、律令と天皇を支配し、思うがままに人事権を発動したであろう藤原の動きに一喜一憂するという、情けない状態に追い込まれたわけである。

48

藤原に反発した長屋王の悲劇

◆正義漢《せいぎかん》・長屋王《ながやおう》の反発

藤原不比等《ふじわらのふひと》が藤原氏の基礎を築き、さらに不比等の四人の男子が盤石《ばんじゃく》な体制を固めようとしたその時、藤原のあこぎな手口に反発し、あえなく一族滅亡に追い込まれた悲劇の皇族がいた。それが高市皇子《たけちのみこ》の子で、長屋王（天武《てんむ》天皇の孫にあたる）である。

ちなみに長屋王の父高市皇子は、『日本書紀《にほんしょき》』に従えば天武天皇の長子ということになるが、なぜ皇太子にならなかったのかというと、卑母《ひぼ》の出（母は宗像《むなかた》氏）だからとされている。それはともかく……。

長屋王は、藤原の息のかかっていない天武系の皇族として、藤原のやり方に辟易《へきえき》していた人びとの期待を一身に背負って出世していった。藤原不比等が死んだとき、不比等は右大臣で朝堂《ちょうどう》の最高位にいた（このとき左大臣不在）が、長屋王は不比等のすぐ下の地位にいたから、不比等の死と共に、ところてん式に階段を登っていった。

神亀《じんき》元年（七二四）、文武《もんむ》天皇と藤原宮子《ふじわらのみやこ》の間の子・首皇子《おびとのみこ》が即位した。これが聖武《しょうむ》天皇で、史上初の「藤原腹《ばら》の帝《みかど》」であった。藤原一族は中臣鎌足《なかとみのかまたり》以来の悲願を、ようやくここに成就したのである。そしてこのとき、長屋王は左大臣に登りつめたから、ここに微妙なパワーバランスのせめぎ合いがはじまった。左大臣は現代風にいえば、内閣総理大臣といったところである。

反藤原派の長屋王の台頭は、藤原四兄弟（不比等の子、武智麻呂《むちまろ》・房前《ふささき》・宇合《うまかい》・麻呂《まろ》）を奮い立たせたのだろう。ここから彼らは結束して長屋王潰しに走り出す。

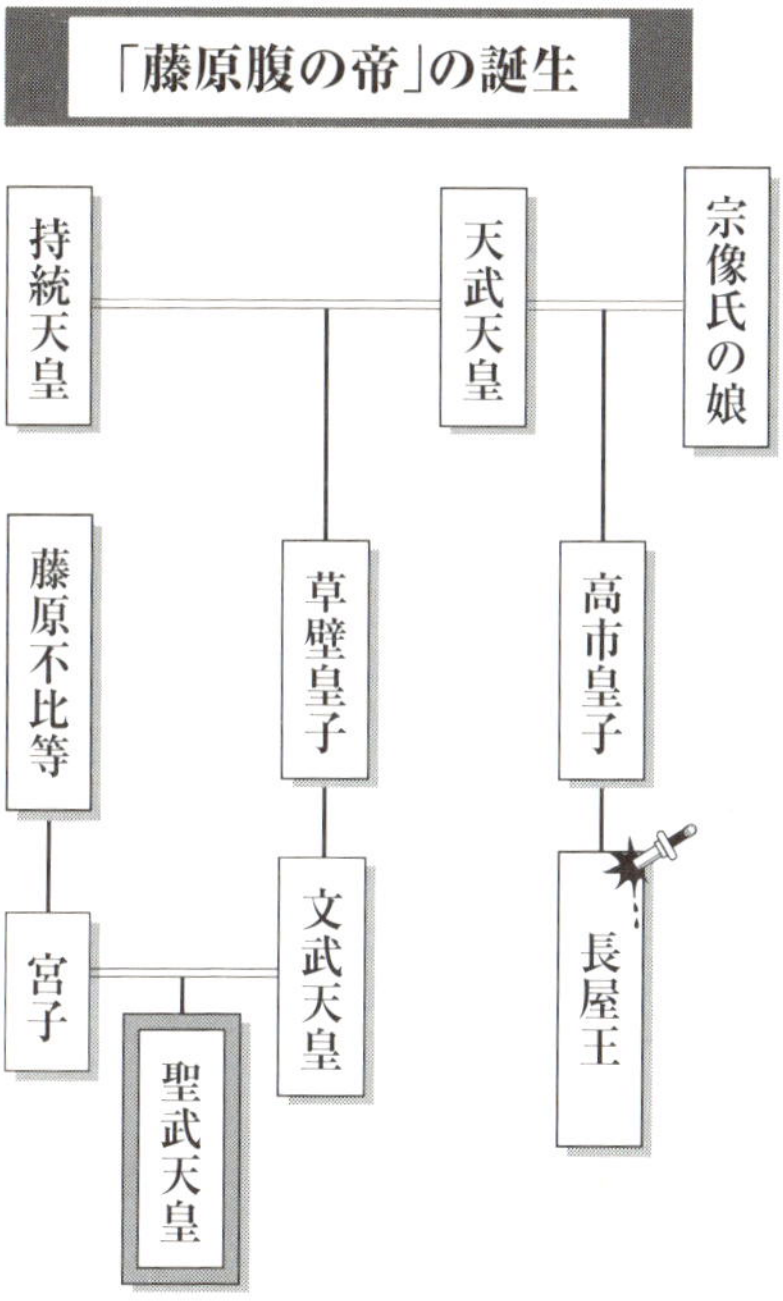

不比等の遺伝子をもっとも強く受け継いだのは、次男の房前だったようで、養老《ようろう》五年（七二一）、この男はまず、あるはずのない「左大臣よりもえらい人」を捏造《ねつぞう》し、その役職に就任してしまったのだ。それが「内臣《うちつおみ》」で、時の元《げん》

正《しょう》天皇に働きかけ、「天皇権力と同等の力を持つ者」であることを正式に認めさせてしまった。これがようするに、先に触れた「令外《りょうげ》の官」であり、藤原の打出《うちで》の小槌である。

天皇と同等ということは、律令《りつりょう》で罰することができないということであって、絶対権力を握ったことを意味する。お行儀良く行列に並んでいたのに、我が物顔で割り込んだ者が得をするという、誰が見てもあこぎな手段で、藤原は長屋王の力を削《そ》いでしまったわけである。

だが、長屋王はかえって藤原に対する闘志を燃やしたようである。

◆藤原の陰謀で抹殺された長屋王一族

事件は聖武天皇即位の直後に起きた。「藤原夫人（聖武の母・宮子）をこれからは大夫人《たいぶにん》と称する」という勅《みことのり》が出され、これに長屋王の一派が反発したのだ。というのも、新たな称号の「大夫人」は、律令の規定にない尊称だったからだ。

そこで長屋王たちは、

「天皇の命令と律令の規定に矛盾があります。はたしてわれわれは、どちらに従えばいいのでしょう」

と、噛みついたわけだ。どうでもいいように見えて、ここには複雑な駆け引きが隠されている。というのも、藤原にすれば、こういう細かい法律違反をくり返し、「前例」をつくっておきたかったからだろう。というのも、藤原には、聖武の妃《きさき》の一人で、藤原不比等の娘の光明子《こうみょうし》を、「皇后位《こうごうい》」に押し上げたいという野望があったからだ。光明子が正妃《せいひ》の地位につけば、所生の子が即位する可能性が高まるわけである。

ただし不文律では、「皇后は皇族が相応《ふさわ》しい」ということになっていたから、藤原は知恵を働かせた。この、「不文律では」というところがミソで、どうやら藤原不比等は律令製作にあたって、わざと皇后位にはっきりとした規定を設けなかったようだ。将来、藤原の皇后を誕生させたいという深慮遠謀があったのだろう。長屋王も藤原の目論見《もくろみ》を見抜いていたから、どこかで歯止めをかけねばならぬと考えていたのだろう。

長屋王の反撃が功を奏し、勅は撤回された。恥をかかされたのは藤原である（自業自得なのだが）。ここに、「もはや長屋王を生かしておくわけにはいかない」という藤原の方針は固まったのだろう。天平《てんぴょう》元年（七二九）、長屋王は謀反《むほん》の嫌疑をかけられた。「ひそかに左道《さどう》（良くないこと）を学び、国家を傾けようとした」というのである。もちろんいいがかりであり、無実の罪であったことはのちに証明されたと『続日本紀《しょくにほんぎ》』も認めている。

結果長屋王一族（藤原から嫁いだ女子と子は助かった）は滅亡したのである。

49

崇る長屋王、祀る藤原

◆なぜ正史は長屋王《ながやおう》の祟《たた》りを封印したのか？

長屋王に殺される謂《い》われはなかった。密告者がのちに、「長屋王の謀反は嘘だった」とはっきりと証言しているのだから、すべては藤原の描いたシナリオ通りにことは進んだわけである。

そうなってくると、ひとつの問題が浮上してくる。なぜなら、長屋王は罪なくして殺されたのであって、ここに典型的な「祟り」が想定できること、それにもかかわらず、正史の中に、「長屋王の祟り」を見出すことはできないことが謎めくのだ。

興味深いのは平安初期の仏教説話集『日本霊異記《にほんりょういき》』で、そこには次のような記事が残されている。まず、長屋王一族の遺骸は火葬され、骨は砕かれ平城京の外に捨てられたのだという。ただし、長屋王の骨だけは、土佐（高知県）に持っていったという。ところが、土佐で疫病が流行し、「長屋王の祟りにちがいない」ということになり、やむなく紀国《きのくに》（和歌山県）の小島に移したのだという。

一般には、このような記事はほとんど相手にされないが、冤罪《えんざい》によって一族もろとも滅ぼされた長屋王が祟らない方がどうかしている（言い方が悪いか。古代人がそう信じるのが自然だ、という意味だ）。

長屋王が祟って出た!!という認識は、藤原氏自身がもっとも強く感じていたことではなかっただろうか。というのも、長屋王一族を滅亡に追い込んで邪魔者が消えてのち、藤原四兄弟はこの世の春を謳歌《おうか》していたが、長屋王の死から八年後の天平《てんぴょう》九年（七三七）、恐怖のどんでん返しが待っていたからだ。

北部九州で流行《はや》っていた天然痘《てんねんとう》が都を襲い、藤原四兄弟が、あっという間に全滅してしまったのだ。

尋常なことではない。四人の権力者が、消えてなくなったのである。

「これが長屋王の祟りでなくしてなんであろう」

都人たちは、誰もがそう噂し合ったに違いない。

◆藤原はなぜ法隆寺《ほうりゅうじ》を大切に祀《まつ》ったのか

「祟りの法則」からして、長屋王はどこかで祀られていなければおかしい。藤原四兄弟をあっという間に呑《の》みこんでしまったほどの祟りである。誰もが怯《おび》え、祀りあげようとしたに違いないのだ。

そこで気になるのが、藤原氏の態度である。

梅原猛氏が指摘していたように、藤原氏は、「藤原にとっての難局」が訪れると、かならずといっていいほど法隆寺を手厚く祀りはじめていたのである。梅原氏は「これこそが山背大兄王《やましろのおおえのみこ》一族を滅亡に追い込んだ藤原氏の罪滅ぼし」と推理したが、この説は成り立たないことはすでに触れた。法隆寺で山背大兄王を祀った気配がほとんどないのだから、藤原が恐れていたのは山背大兄王ではないし、「藤原は聖徳太子《しょうとくたいし》を恐れていた」という考えも、もはやピントはずれだ。

ただそうなると、「なぜ法隆寺なのか」という謎が浮上する。長屋王はどこにも祀られず、そのいっぽうで、藤原四兄弟の死の直後、たしかに法隆寺がしっかりと厚遇されているからである。

そこで、ひとつの事実に気づかされる。というのも、長屋王は「天武《てんむ》の孫」として藤原と対決していた。その天武は、「蘇我《そが》の王家」であり、藤原からみれば、長屋王は「憎き蘇我」に見えていたのではあるまいか。

藤原不比等は『日本書紀《にほんしょき》』のなかで、「蘇我の正体」を抹殺するだけではなく、「天武と蘇我のつながり」をも断ち切っていた。そうしないと、藤原が「行政改革に取り組んでいた」蘇我入鹿《いるか》を殺し、「律令制度の完成を目指して邁進していた」天武王家を持統《じとう》王家にすり替え、しかも「天武＝蘇我王家」の功績を横取りしてしまっていたことが、すべてばれてしまうからである。

藤原氏は難局が訪れると必ず法隆寺を祀った

とするならば、「藤原」は、誰にもわからないように、「蘇我」と名のつく者、「蘇我」の血を引く王家、それらすべてを十把《じっぱ》一絡《ひとから》げにして、法隆寺で祀っていた、ということではなかったか。

そうであるならば、なぜ「祟って出た恐ろしい長屋王」がどこにも祀られず、いっぽうで、法隆寺が祟る寺だったのか、その意味がはっきりとしてくるのである。

50

聖武天皇の謎めいた行動の真意とは?

◆なぜ聖武《しょうむ》は関東行幸《ぎょうこう》に向かったのか

藤原四兄弟の死によって、権力の空白状態が生まれたことは、あらためて述べるまでもない。ここに、橘諸兄《たちばなのもろえ》、吉備真備《きびのまきび》、玄昉《げんぼう》らの反藤原政権が誕生したのである。

どうにもよく分からないのは、「藤原の子、藤原の帝《みかど》」として藤原の期待を一身に背負って即位していた聖武天皇なのだ。というのも、この帝はどうやら、「藤原の帝」から、「反藤原の急先鋒」に豹変《ひょうへん》してしまった疑いが強いのである。

たとえば、「藤原」が反藤原一派の台頭に不満を表明し、北部九州で反乱、都で不穏な動きを見せたとき、聖武天皇は突然、謎の関東行幸をはじめてしまう。一般にこの聖武の謎めいた行動は、気の弱い聖武天皇が、「反藤原政権」に操られ、いわれるまま動いたに過ぎないだとか、ノイローゼだったのではないかという解釈が罷《まか》り通っていた。

だが、どうにも納得できない。聖武天皇は自分の意志で、「藤原」に反旗を翻《ひるがえ》したのではないかと思える節がある。

というのも、関東行幸のルートが、壬申《じんしん》の乱の天武《てんむ》軍の動きをなぞっているかのように瓜二つだからである。これは、聖武が「藤原の子ではなく、天武の子になった」ことを、大々的にアピールするものだったと考えられる。

聖武天皇は藤原不比等《ふじわらのふひと》の娘の宮子《みやこ》を母に持つ。だから聖武は、生まれてすぐ、不比等の館《やかた》で育てられていた可能性が高い。そして、不比等の描いた「藤原のための歴史観」を教えこまれ、「藤原の天皇」になるように洗脳され、純粋培養されたに違いない。

その聖武天皇が、「壬申の乱」の再現を試みたのは、「本当の歴史を知ってしまった」ということを藤原に知らしめるに十分な効果があったはずだ。

「藤原の動き次第では、もう一度壬申の乱を起こしてもいい」

という聖武天皇の脅しでもあったろう。

◆聖武天皇を藤原の子から天武の子に変えた理由

聖武天皇が「藤原の子」から「天武の子」に豹変するきっかけは、たしかにあった。

天平《てんぴょう》九年（七三七）十二月二十七日というから、藤原四兄弟が全滅してすぐのことだ。『続日本紀《しょくにほんぎ》』には、この日、皇后宮《こうごうぐう》（光明子《こうみょうし》の屋敷で、もとは不比等邸）で、宮子が玄昉に介護してもらったところ、「慧然《けいぜん》と開晤《かいご》」したとある。じつを言うと宮子は、聖武天皇を産み落として以来、「幽憂《ゆうゆう》」に沈み（鬱病《うつびょう》ということか）、心を病み、不比等邸で療養していたという。そしてこのとき、たまたま皇后宮を訪れていた聖武天皇と、三十七年ぶりに再会したというのである。

玄昉に一度看てもらっただけで病気が治ったというのは、信憑《しんぴょう》性がない。ではなぜ、宮子が快癒したかといえば、それは単純に、心の病は嘘だったということだろう。つまり、不比等や藤原四兄弟が宮子から聖武を引き離し、宮子を幽閉してしまったのだろう。そして、反藤原派が台頭し、宮子は解放された、ということである。

ではなぜ、不比等らは宮子を幽閉しなければならなかったのだろう。それは、宮子が「蘇我《そが》」の強い地盤・葛城《かつらぎ》周辺の一族（賀茂《かも》氏）の血を引いていたからかもしれない。聖武天皇を純粋な「藤原の子」に育て上げるためには、（それが虚構を教えこむということだからこそ）「真相を知る者」を遠ざけたかったということだろう。実の娘でも信じられないというところに、「嘘を教えこむ」藤原不比等の執念がうかがえる。

いずれにせよ、母に再会した前とあととでは、聖武天皇の行動に、決定的な差が生まれていることは間違いない。それまで「藤原の子」であることに誇りすら感じていたであろう聖武天皇が、「藤原」に幻滅し、激しい憎しみさえ覚えたのではなかったか。

宮子を幽閉したために、不比等の目論見《もくろみ》は、もろくも崩れ去ったわけである。

聖武を反藤原の帝にした理由とは？

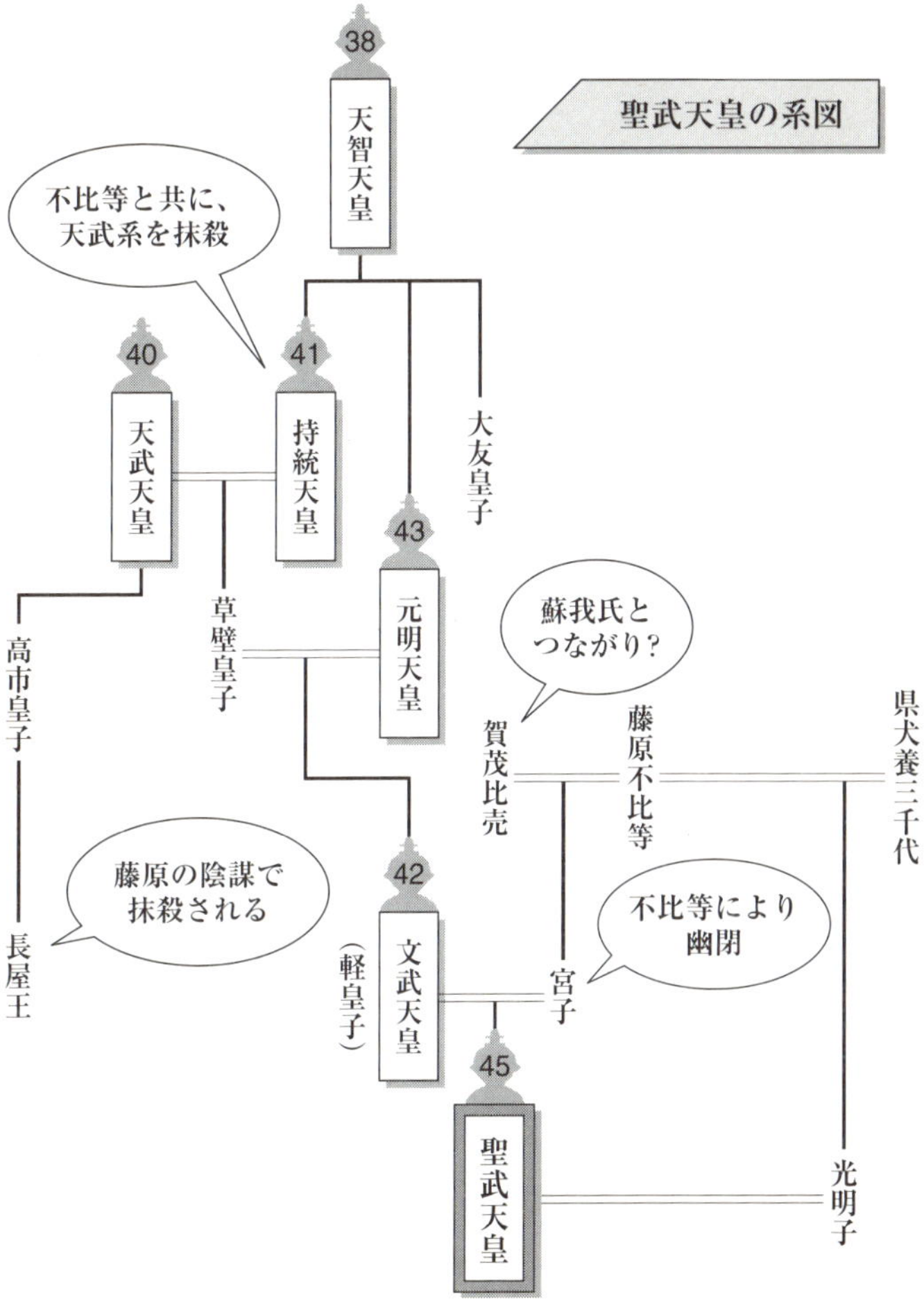

51

なぜ聖武天皇は東大寺を建立したのか

◆聖武《しょうむ》天皇の突飛な行動の意味

聖武天皇の業績としてもっとも名高いのは、東大寺《とうだいじ》建立ではなかろうか。修学旅行でほとんどの日本人が、一度は大仏殿《だいぶつでん》を仰ぎ見ているわけで、とにもかくにも、「大きさ」に驚き、記憶に残っているはずだからだ（ちなみに、現存する東大寺大仏殿は、奈良時代のものではなく、江戸時代に再建されたもの）。

もっとも、唯物史観《ゆいぶつしかん》的な発想からいえば、あのような建造物は、搾取《さくしゅ》の証拠であり、古代の民衆の声なき声を聞くべきだ……ということになろうか。しかし、東大寺建立の背景には、これまで語られることのなかった、人間くさいドラマが隠されている。

そもそも東大寺は、「国家のために建てた寺」、あるいは「天皇家のための寺」という印象が強いが、実態はかならずしもそうではない。なぜそのようなことを言うのかというと、聖武天皇が東大寺建立を発願《ほつがん》したきっかけが意外なところにあったことと、プロジェクトを推進したリーダーが、変わり種だったからである。

まず、なぜ、何を目的に東大寺は建てられたのだろう。それは普通に語られているように、「国家鎮護《ちんご》」のためなのだろうか。

ところが、どうにも様子がおかしい。というのも、『続日本紀《しょくにほんぎ》』には、天平《てんぴょう》十二年（七四〇）二月に、聖武天皇が難波《なにわ》に行幸《ぎょうこう》したときのこと、河内《かわち》の智識寺《ちしきじ》を参拝し、この寺の姿勢に感動したのがきっかけだったと記されているからだ。智識寺とは、有志が集《つど》って、ようするにボランティアの建てた寺で、それまでの国家や大豪族のための寺ではなかったところに話の妙《みょう》がある。聖武天皇は、「民衆の手で、民衆のための寺を建てる」という姿に感動した、ということになる。

「それは偽善ではないのか？」

と思われるかもしれない。だが、いい意味でも悪い意味でも純粋に育った聖武天皇だったから、本気でそう思ったのではなかったか。なぜなら、聖武天皇は東大寺建立のために、本来ならありえない人物を大抜擢しているからなのだ。それが反骨の僧・行基《ぎょうき》だったのである。

◆律令《りつりょう》制度を本気で潰しにかかった聖武天皇

藤原不比等《ふじわらのふひと》が権力をほぼ独占し、藤原四兄弟がこの世の春を謳歌していたちょうどその時、行基は律令の欠陥と重税に苦しむ人びとを救済し、仏教を布教するだけではなく、社会事業にも積極的に取り組んでいたから、多くの人びとの支持を集めた。

行基は税を都に運ぶ途中で行き倒れになった人びとを救済する布施屋《ふせや》を造り、各地に橋をかけ、治水工事を行った。土地を手放し流浪する人びとは、やがて行基のもとに集まり優婆塞《うばそく》（朝廷の許しを得ずに仏門に入った人）となり、平城京《へいじょうきょう》の周辺に出没した。多いときで一万人、少ないときでも数千人に上ったというから、朝廷（というよりも律令を悪用することで繁栄していた藤原氏）も黙っていられなくなった。

民衆が土地に定住し、一定の税を払ってくれなければ、律令の理念は崩壊する。勝手に人びとが出家して放浪してしまえば、国家財政が行き詰まってしまう。

当然朝廷は、行基らを弾圧したのである。

ところが聖武は、藤原の手にも負えなかった札付きの行基を、あろうことか身内に引きずり込んでしまったわけである。それだけならまだしも、優婆塞＝乞食坊主を正式の僧と認め、土木工事に参加してもらい、彼らの親分だった行基を、仏教界の最上位に大抜擢してしまったのである。

先述した「智識寺」とは、まさにこれら優婆塞たちが力を合わせて造った寺であり、それまでの「国家鎮護のための寺」であるとか、「裕福な大豪族の私的な寺」とは、まった

聖武天皇の建立した東大寺

く意味が違ったのだ。そして、聖武天皇は、「日本一の智識寺」の建立を夢想し、それが東大寺発願だったのである。

この聖武天皇の行動には、いくつもの問題が隠されている。

まず、国家の基礎である律令の精神に反する者たちを認めたこと、そして第二に、律令制度における最下層の人びとを身内に取り込み、その活力を大いに利用したということである。その理由を詮索するに、かつて蘇我《そが》氏らが描いた「理想」としての「律令」はもはやどこにもなく、「藤原氏だけが繁栄するための律令」となり果てていたことがあるだろう。聖武天皇は、そんな律令制度を、根底から覆《くつがえ》そうとしていたのではなかったか。

52

鉄の仮面をかぶった光明子

◆光明子《こうみょうし》は聖武《しょうむ》天皇を藤原のために操ったのか

光明子といっても、よほどの歴史好きでなければ、ご存知ないだろう。藤原不比等《ふじわらのふひと》の娘で、聖武天皇の正妃（皇后）となった女人《にょにん》だ。

この女人は藤原不比等の娘で、藤原のために巧みに立ち回ったとされる、「藤原」を象徴する女人である。また、『楽毅論《がくきろん》』に男勝りの力強い「藤三娘《とうさんろう》」の署名があり、気の強い性格を「形」で残していること、それが「線の細い聖武」と好対照を醸し出していることなどが、「鉄の女人」というイメージを決定的なものにしたのかもしれない。「藤原」を背負った光明子が、聖武天皇を自在にコントロールしていたというのが、通説の解釈ではなかろうか。

だが、これまでわれわれは、光明子のかぶっていた仮面の裏側に気づかずにいたのではなかったか。そう思うのは、『万葉集《まんようしゅう》』巻八・一六五八の次の歌があるからだ。

「法華滅罪之寺」という名前には光明子の償いの気持ちが込められていた？（法華寺、奈良市）

吾背子《わごせこ》と二人見ませばいくばく
このふる雪もうれしからまし

夫の聖武と二人で並んでみれば、この降る雪も、楽しいことでしょうに、というのだ。権力者にしてはあまりに無邪気で無防備な様に、光明子のもうひとつの顔を見る思いがするのである。

◆罪滅ぼしの寺を建てた光明子の心情

光明子は自宅に寺を建て、病人や貧しい人びとに救済の手をさしのべたという。こうしておいて光明子は、「積善《せきぜん》の藤家《とうけ》」を自称した。つまり、「藤原はこれだけ善根《ぜんこん》を積んでいます！」と宣言しているのだ。

これを「権力者の偽善、スタンドプレー」と一蹴することもできる。だがどうにも気になるのは、光明子が寺の名を法華滅罪之寺《ほっけめつざいのてら》としていることだ。「滅罪＝罪滅ぼし」の二文字は、いったい何を意味しているのだろう。

藤原四兄弟の滅亡ののち聖武天皇が豹変《ひょうへん》したと指摘しておいたが、そのきっかけは母・宮子《みやこ》との再会であった。ここで聖武は、藤原不比等が母に課した過酷な運命を知り、藤原を呪《のろ》っていくきっかけになったわけである。問題は、再会の場所が、皇后宮、すなわち光明子の館であり、光明子の手招きがなければ、このような事態は起こりえなかったことだ。とするならば、聖武を「藤原の子」から「天武《てんむ》の子」にすり替えたのは、誰あろう、光明子だったことになる。

聖武天皇が河内《かわち》の智識寺《ちしきじ》を見て感動したとき、背中をぐいっと押したのは光明子であった。光明子の後押しを得て東大寺《とうだいじ》建立ははじまったことになる。東大寺は「反藤原の寺」といっても過言ではなかった。平城京《へいじょうきょう》ににらみをきかす高台に建てられた「藤原の興福寺《こうふくじ》」を抑える場所に、東大寺が建てられていることも、意味がある。

ひょっとして光明子は、藤原のしでかしてきたことに、疑問を感じていたのではなかったか。父不比等は娘の宮子を信じることができず、幽閉してしまった。藤原四兄弟は、権

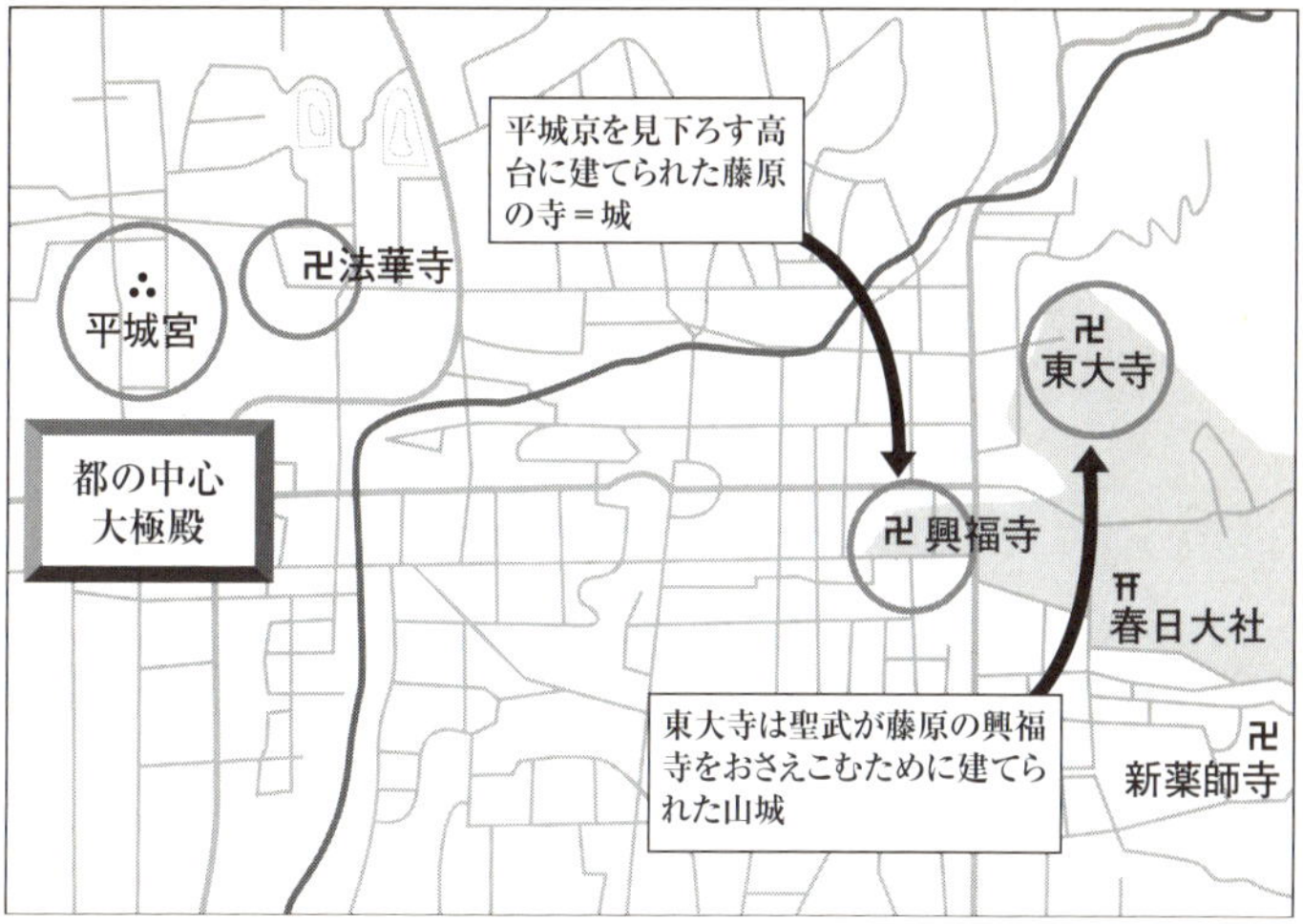

力を独占するために長屋王《ながやおう》一族を陰謀にはめて皆殺しにしてしまった……。その様子を間近で見てきた光明子であるならば、四兄弟が「長屋王の祟《たた》り」で一気に滅亡してしまったことは、人ごとではなく、「呪われた藤原」に心を痛め、必死になって善行を積もうと努力したのではなかったか。

そして、彼女にとっての心の拠《よ》り所が聖武天皇であり、夫を藤原の魔の手から守るために、分厚い「藤原の女」という仮面をかぶっていたのではないかと思えてならないのだ。

53

『竹取物語』に秘められた藤原の非道

◆共存を許さない異質な藤原氏

平安時代、藤原氏は朝堂《ちょうどう》を私物化したが、藤原道長《ふじわらのみちなが》は、「この世をば我が世とぞ思ふ望月《もちづき》の欠けたることもなしと思へば」という傲慢《ごうまん》な歌を残した。この世は藤原のためにある、というのだ。

藤原は律令《りつりょう》の欠陥を放置し、藤原だけが土地を独占できるように仕向けたから、「他人が錐《きり》をさし込む隙もないほどの領土が我がものになった」といっては、高笑いしたものである。

藤原氏は朝堂を独占したのではない、国家そのものを私物化してしまったわけである。しかも、藤原は他者との共存を拒絶した点で、多神教的で日本的な発想からもかけはなれた行動に出ていたわけだ。しかも汚い手口で、多くの「血」を吸ってきたから、誰も彼もが藤原を嫌い、恨み、呪《のろ》った。

ただし、藤原氏は今日に至るまで、「日本で最高の権威をもった一族」として君臨してきたから、彼らを批判することは命がけで、なかなか表立って口にすることができなかった。そのために、藤原の「罪」は、あまり知れ渡ることはなかった。

そんな中にあって、「どうしても藤原を糾弾《きゅうだん》しなければ気が済まない」という人びとは当然いたわけで、彼らは「暗号」「隠語」「暗示」を駆使して、藤原を罵倒《ばとう》する手に出た。たとえばそれが、かぐや姫の物語で知られる『竹取物語』である。

この中でかぐや姫を迎えにきた月の都の使者は、

「いざ、かぐや姫。穢《きたな》き所にいかでか久しくおはせむ（さあ、かぐや姫。こんな汚らわしい世に、長居をするものではありませんよ）」

と語りかけている。ここにいう「穢き所」とは、物語が作られたのが平安時代なのだから、これは道長が「我が世」といいはなった藤原の天下であり、物語に仮託《かたく》して、藤原を呪っている可能性が高いのである。

◆『竹取物語』に隠された藤原批判の暗号

『竹取物語』に登場する人物が実在したのではないかという考えは、すでに江戸時代の国学者・加納諸平《かのうもろひら》によって掲《かか》げられている。『公卿補任《くぎょうぶにん》』（平安時代から書きためられた公卿の名簿）に登場する八世紀初頭の高級官僚と『竹取物語』に登場しかぐや姫に求婚する五人の貴公子がそっくりだと指摘しているのだ。すなわち、多治比嶋《たじひのしま》、安倍御主人《あべのみうし》、大伴御行《おおとものみゆき》、石上麻呂《いそのかみのまろ》、藤原不比等《ふじわらのふひと》の五人がモデルとなって、『竹取物語』のストーリーができあがったに違いないというわけだ。

通説はこのような考えをほとんど無視している。というのも、他の四人はいざ知らず、藤原不比等に限っていえば、物語に登場する人物（くらもちの皇子）とは、接点がないというのだ。不比等の母が「車持氏《くるまもち》」なのだが、「車持」を「くらもち」と読むのは無理がある、とする。

たしかにそのとおりなのだが、不比等だけが物語の登場人物と「似てはいるがはっきりとつながらない」ことが、かえって『竹取物語』のいわんとしているところを明確にしているように思われる。なぜそのようなことがいえるのか、「くらもちの皇子」とかぐや姫のやりとりを、簡単に追ってみよう。

かぐや姫は「くらもちの皇子」に、蓬萊山《ほうらい》に行って玉の枝を持ち帰って来れば結婚してもいいと約束する。「くらもちの皇子」は、金に飽《あ》かして工人《こうじん》を集め、かぐや姫が求めた「蓬萊の玉の枝」を造らせるという「ずる賢い」手管《てくだ》を使った。そして、いかにも長旅から帰ってきたように振る舞い、かぐや姫のもとに現れる。

かぐや姫は結婚しなければならないのかと嘆き悲しんだ。ところが、玉の枝を造った工

「竹取物語」の登場人物は実在した！？

公卿補任	竹取物語
左大臣　多治比嶋	石作皇子（多治比氏と石作氏は同族）
右大臣　安倍御主人	阿倍御主人（一字違い）
大納言　大伴御行	大伴御行（同名）
大納言　石上麻呂	石上麻呂足（一字違い）
大納言　藤原不比等	くらもちの皇子

人たちがやってきて、「くらもちの皇子」が賃金《ちんぎん》をくれないと、訴える。かぐや姫は大喜びし、工人たちに賃金を払ってあげたのだった。「くらもちの皇子」は帰り際、工人たちを待ち伏せし、叩きのめし、金を巻き取った……。これが物語のあらすじだ。

五人の貴公子の中で、「くらもちの皇子」だけが、あこぎな手段でかぐや姫を騙《だま》そうとしたというのが、物語のテーマとなっている。とするならば、「くらもちの皇子」が直接「藤原」を指すような設定では、すぐに朝廷ににらまれ、弾圧を受けるであろうことは、火を見るよりも明らかだったのだろう。だから、『竹取物語』の作者は、「車持」に似た「くらもちの皇子」という隠語を使ったということになる。

54

皇帝になろうとした藤原仲麻呂（恵美押勝）

◆藤原仲麻呂《ふじわらのなかまろ》の暴走

天皇家がなぜ続いてきたのかという話題になると、かならず登場するのが、室町幕府第三代将軍・足利義満《あしかがよしみつ》の王権簒奪《さんだつ》計画である。

義満は中国の明《みん》から「王」の称号を獲得し、あともう一歩で、王位を手に入れようとしていたと言われている。もっとも、義満は「源氏《げんじ》」なのだから、もともと（相当遠い祖だが）天皇家の血を引いていたわけで、もし義満が野望をとげていたとしても、これが王朝交替といえるのかどうか、じつに心許《こころもと》ない。

祟《たた》ることで名高い平将門《たいらのまさかど》も、関東の独立を目論《もくろ》み、天慶《てんぎょう》二年（九三九）、「新皇《しんのう》」を自称したが、これとて、「平」は天皇の血を引いているのだから、いちおう大義名分は持ちあわせていたことになる。

それよりも、もっと切実な皇室の危機は、八世紀に起きていた。それが、藤原仲麻呂（恵美押勝《えみのおしかつ》）の暴走劇である。

藤原仲麻呂の系図

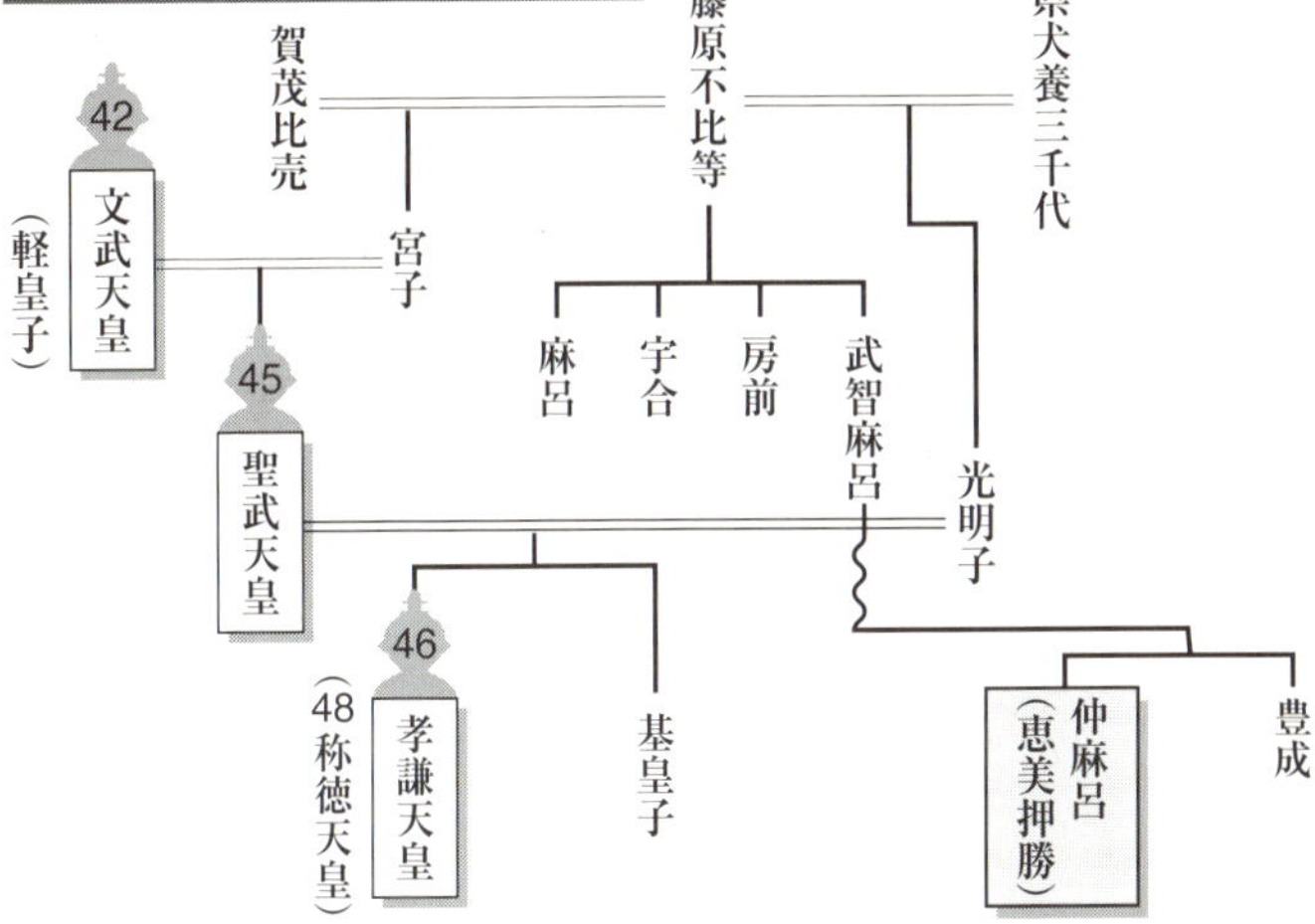

藤原仲麻呂は武智麻呂《むちまろ》の子で、不比《ふひ》等《と》の孫にあたる。藤原四兄弟の全滅ののちいったん没落した藤原氏を再興したのが、仲麻呂だった。

仲麻呂は、反藤原の帝《みかど》に化けた聖《しょう》武《む》と暗闘をくり広げ、聖武の御子・安積《あさか》親王を密室で殺し（『続日本紀《しょくにほんぎ》』にははっきりとは書いていないが、状況から見てほぼ間違いないと通説も認めている）、東大寺《とうだいじ》建立の妨害工作をくり返すと、力ずくで聖武を玉座から引きずり下ろしたのだった。

その後仲麻呂は、早逝した長男（藤原真従《まより》）の嫁の再婚相手に大炊王《おおいのおう》（のちの淳仁《じゅんにん》天皇で、藤原の息のかかった舎人親王《とねりしんのう》の子）をあてがい、自宅に引きずり込み、養子のようにして飼い慣らすと、天平宝字《てんぴょうほうじ》二年（七五八）、この男を無理矢理即位させている。それだけならまだしも、仲麻呂は帝の父親・舎人親王に「皇帝」の称号を与えるように淳仁に仕向け、その上で淳仁に仲麻呂を「父」と呼ばせた。回りくどいやり方ながら、仲麻呂は「皇帝」と同等の地位にのぼったわけである。

◆藤原仲麻呂の目に余る行動

藤原仲麻呂が好き放題できたのは、淳仁天皇が即位する前年の天平宝字元年（七五七）に、反藤原派を一掃してしまったからだ。

まず仲麻呂は「藤原」に楯突く人びとを左遷してしまった。そしてすぐに、仲麻呂暗殺計画を密告する者が現れ、芋づる式に、謀反《むほん》人は捕らえられたのだった。

これは余談だが、捕縛された者たちを、一度光明子《こうみょうし》が解放してしまっている。あわてた仲麻呂は、ふたたび彼らを連行し、多くの者たちを過酷な拷問で殺してしまった。また、流刑、死罪を合わせると、全部で四百四十三名に上ったというから、皆殺しのような凄惨《せいさん》な状況に陥ったわけである。

もちろん、これで仲麻呂に逆らう者はいなくなったから、ここからは仲麻呂のやりたい放題である。

仲麻呂は淳仁天皇から「恵美押勝」の名をもらい受け（混乱しないように仲麻呂で通す）、貨幣を鋳造する権利を獲得すると、どんどん金を作った。当然仲麻呂だけの金であり、仲麻呂だけが富み、社会は深刻なインフレに苦しめられていく。

それだけではない。仲麻呂は天皇御璽《ぎょじ》と同等の力を持つ印《いん》の所持を認められた。これは何を意味しているかというと、天皇のハンコがないと、行政や軍隊は動かない。だが、仲麻呂のハンコさえあれば、天皇のハンコはなくてもいい、というのだ。

これは、太政官《だいじょうかん》の合議を経ずとも、仲麻呂の独断で、なんでも行えるということであり、独裁者・仲麻呂の追認であった。

もっとも、このころになると、朝堂《ちょうどう》は仲麻呂の一家（藤原の一族ではなく、仲麻呂の家族ということ）で独占されていたから、すでに仲麻呂の独裁体制は固まっていた。淳仁天皇は単なる傀儡《かいらい》だったし、あと一歩のところで藤原仲麻呂は「皇帝」の地位を手に入れるところだった。

だが、他の藤原氏を敵に回してしまったことが、この人物の致命傷になったようだ。

結局、仲麻呂は、このあと一気に滅亡するのだが、仲麻呂が蘇我入鹿《そがのいるか》のように、歴史上稀に見る大悪党と罵倒されないのは、彼が藤原氏であり、その藤原氏が千年の栄光をこののち保ち続けたからにほかならない。

55

天皇家を潰そうとした天皇

◆王《おう》を奴《やっこ》にしても奴を王と呼ぼうとも……

古代史は個性あふれる人物を多数輩出《はいしゅつ》している。そのなかでも、第四十八代称徳《しょうとく》天皇（四十六代孝謙《こうけん》天皇が重祚《ちょうそ》）は、ユニークな性格で傑出している。聖武《しょうむ》天皇と光明子《こうみょうし》の娘が称徳天皇で、「藤原の血」が濃縮されたような血統にあたるのだが、父譲りの藤原嫌いが抑えられなかったようなのだ。

なにしろこの女人《にょにん》、泣く子も黙る独裁者・藤原仲麻呂《ふじわらのなかまろ》に真っ正面から喧嘩をふっかけて、挙げ句の果てに、仲麻呂の息のかかった淳仁《じゅんにん》天皇を玉座から引きずり下ろすに際し、とんでもないことを言い放っている。

「王を奴にしても奴を王と呼ぼうとも、私の勝手だ!!」

というのである。

つまり、王を奴婢《ぬひ》の地位に落としても、奴婢を王の地位に据えようとも私の勝手なのだというのである。

この勢いに押されて、さすがの藤原仲麻呂もたじろいだのか、その後天皇御璽《ぎょじ》の奪い合いに敗れ、滅亡するに至る(これが教科書にある恵美押勝《えみのおしかつ》の乱)。

それにしても、王と奴(奴婢)、両極端の地位の者を入れ替えてもいいのだという発想もさることながら、それが「奴」の側から出たのではなく、皇族から出たところが、大問題なのだ。いったい称徳天皇は何を考えていたのだろう。

称徳天皇が淳仁天皇や仲麻呂に対して吐いた暴言は、単に淳仁王権を倒すためだけの「方便」ではなかったらしいところに、この女人の面白さがある。

というのも、称徳天皇は「姓《かばね》」のなかでも、それまでは地位の高い者に与えていたものを、信じられないほど低い地位の人間に濫発《らんぱつ》している。こうすることによって、これまで世襲で高い官位と姓をもらいふんぞり返っていた人間どもに、一泡吹かせたかったのではあるまいか。

どうにも称徳天皇という人間には、興味が尽きない。なぜこれまで、この人物に誰もスポットを当てなかったのだろう。

◆称徳天皇の本当の目論見《もくろみ》

称徳天皇を語ることは、もしかするとタブーだったのかもしれない。

というのも、この女帝は独り身で、子供がいなかったが、どこの馬の骨ともしれぬ僧・道鏡《どうきょう》を寵愛《ちょうあい》し、あろうことか即位させようとしたからだ。

この暴挙に対して、一般には「房事《ぼうじ》のなせるわざ」と解釈しているようだ。独身女帝のご乱心、というところだろうか。

だが、道鏡の出自を探っていくと、不思議なことに気づかされる。

「恵美押勝の乱」の直前、追いつめられた藤原仲麻呂は、次のように叫んでいる。

「道鏡の朝廷に仕えている様子を見ると、先祖が大臣として仕えていた過去の一族の栄光を取り戻そうと躍起になっているのだ」

というのだ。

道鏡の俗姓は「弓削《ゆげ》」で、河内《かわち》地方に本拠があり、しかも物部《もののべ》氏と強いつながりを持っていた。だから、仲麻呂の叫んだ「大臣クラス」で、弓削や物部に近い人物といえば、かつて仏教導入をめぐって蘇我馬子《そがのうまこ》と争った物部弓削守屋《ゆげのもりや》をおいてほかには考えられない。

どうやら道鏡は、「藤原」からは、「物部系」と見られていたようだ。

称徳天皇が「物部」を新たな王家に据《す》えようと目論んだのならば、「藤原のための天皇なら、ない方がまし」という発想から、ヤマトの王家を「神武《じんむ》以前」の饒速日命《にぎはやひのみこと》（物部氏の祖）の時代に戻そうという魂胆《こんたん》だったのかもしれない。

物部氏ゆかりの石上神社（奈良県天理市）

物部氏を祭祀する物部神社（島根県大田市）

56

祟る恐怖の井上内親王

◆藤原の手で天武《てんむ》の王家は潰された

結果として称徳《しょうとく》天皇は、ひとつの時代に幕を下ろす役目をになった。

聖武《しょうむ》天皇と称徳天皇は、「藤原の子」でありながら、藤原のやり方に反発し、「藤原のための天皇なら、ない方がまし！　藤原の繁栄のための律令《りつりょう》制度なら潰したほうがいい！」と考えた節がある。だから、聖武は律令の精神に反する優婆塞《うばそく》たちを重用し、「藤原の要塞《ようさい》＝興福寺《こうふくじ》」ににらみをきかす東大寺《とうだいじ》を建立した。娘の称徳は、やはり「藤原のための天皇」を潰しにかかったのだった。

だが、さすがの「藤原」も、聖武と称徳の親子が消えると、反撃にでている。いくら藤原の子として大切に育て上げた帝でも、ひとたび「天武の子」であることに目覚めると手に負えなくなることに、気づいたのである。

当然藤原は、「天智《てんじ》の子」の即位を狙った。

称徳天皇に子供はなかったから、天皇の死後、皇位継承問題が生じ、反藤原派の吉備《きびの》

聖武天皇の造営した紫香楽宮跡

真備《まきび》の推す天武系の御子と、藤原百川《ふじわらのももかわ》や藤原永手《ふじわらのながて》らの推す天智系の御子の名が挙がった。吉備真備は孤軍奮闘するもかなわず、「長生《ちょうせい》の弊《へい》、この恥にあう」と嘆き、政界を退いたのである。

ここに、天智天皇の孫・白壁王《しらかべおう》が即位した。第四十九代光仁《こうにん》天皇の誕生だ。宝《ほう》亀《き》元年（七七〇）のことだ。

光仁天皇は、皇位継承問題が浮上したとき、身の危険を感じ酒浸りの生活を送り、「腑抜《ふぬ》け」を装っていたという。

それはそうだろう、天武系の御子の間で皇位継承問題が浮上したのではない。互いに因縁を感じている天武と天智、二つの王家の暗闘がはじまったのだから、へたをすれば血が流されるであろうことは容易に想像がつく。しかもすでにこのとき、光仁は六十二歳という高齢だったから、「藤原」のごり押しであることは、誰の目にも明らかであったろう。光仁にすれば、命がいくつあっても足りないと、恐れたのだろう。

それにしても、なぜ「藤原」は、老いぼれの光仁を推したのだろう。どうやらここに、「藤原」の計算があったようなのだ。なぜそのようなことがいえるのかというと、それは皇后の人選が大きな意味を持っていた。

◆「藤原」を呪《のろ》って祟《たた》った井上内親王《いのうえないしんのう》？

光仁天皇は即位すると井上内親王を皇后位に、その息子の他戸《おさべ》親王を皇太子に据えた。井上内親王は聖武の娘だったから「天武系」で、この人事は、朝堂《ちょうどう》に残っていたであろう「天武派」に対する配慮であり、天武から天智に王家が移ったとはいっても、「われわれは天武系をぞんざいに扱うものではない」という意思表示、懐柔の意味を持っていたと考えられる。他戸親王がこのまま順調に即位すれば、天武系の強い血が継承されることにもなる。

ところが、ここから藤原が本領を発揮する。

光仁即位の二年後の宝亀三年、井上内親王は、夫の光仁に対して「巫蠱《ふこ》（人を呪うこと）」

を行った罪で、皇后位を剥奪《はくだつ》されてしまった。その二カ月後には、他戸親王も、厭魅大逆《えんみたいぎゃく》（妖術《ようじゅつ》で君主を呪うこと）に加わったとして、廃太子《はいたいし》となってしまった。

その翌年には、母子はさらにいいがかりをつけられ、捕らえられ、大和国宇智郡《やまとのくにうちぐん》に幽閉されてしまった。

これら一連の動きが、「藤原」の汚い手口であったことは容易に想像がつくが、『公卿補任《くぎょうぶにん》』は、「藤原百川の策謀であった」と断言している。かなり広く知られた事件であったようだ。

さらに二年後、井上内親王と他戸親王は同日に亡くなっているから、「藤原」に殺されたのであろう。このことも、いろいろな文書に書かれている。『本朝皇胤紹運録《ほんちょうこういんじょううんろく》』には、二人は獄中で亡くなった後、龍《りゅう》になって祟って出たといい、『水鏡《みずかがみ》』は、井上内親王は祟って出て、藤原百川を苦しませたと記録している。

つまり、老帝誕生の理由は、皇后を天武系にすることで、反藤原派の不満をある程度吸収できること、そのあとで殺してしまえば、きれいさっぱり、「天武系」の血は抹消できるという計算があったからだろう。光仁ではなく、先に他戸親王を即位させてしまっては、さすがに帝を殺めるのはむずかしいという読みもあっただろう。

57

なぜ桓武天皇は平城京を捨てたのか

◆井上内親王《いのうえないしんのう》と他戸親王《おさべしんのう》が死んでくれたおかげで皇太子になった桓武《かんむ》

皇太子の他戸親王が引きずり下ろされ、棚からぼた餅（というよりも、藤原の陰謀だが）の形で皇位継承権を獲得したのが、光仁《こうにん》天皇と百済《くだら》系の高野新笠《たかののにいがさ》の子・山部王《やまべのみこ》（のちの第五十代桓武《かんむ》天皇）だった。

桓武天皇と聞いて思い出すのは、なんといっても平安京《へいあんきょう》遷都であり、なにやら新しい政治を行った人物という印象が強い。教科書的にいえば、平城京《へいじょうきょう》の古い体質の仏教界と訣別《けつべつ》した、ということになるのだろう。しかし、本当のところは、「平城京から逃げ出したくて仕方がない」というのが本音だったようなのだ。

というよりも、なぜ今まで、天武《てんむ》系から天智《てんじ》系に王家が移り変わったことが、軽視されてきたのだろう。平城京は「天武系の王家の都城」であり、天智系の桓武にとって、じつに居心地の悪い都だったはずなのだ。あれこれ遷都の理由を考えるまでもなく、桓武は「天武の都」から一歩でもいいから外に出たかったというのが答えだろう。

また、天武と天智という二つの王家の争いが、井上内親王と他戸親王の悲劇を生んでいた。桓武天皇にすれば、自分が即位できたのは、藤原があの母子を陰謀で難癖をつけ、密室で殺してしまったから、という自覚があっただろう。彼らの死によって今の地位があるということは、桓武自身も、崇《たた》られる恐怖を味わうこととなる。

少なくとも、天武系王家や井上内親王らの「ぬくもり」を感じる平城京には、住みたくないというのが、真実に一番近かったろう。

◆長岡京《ながおかきょう》で悲劇はくり返された

これはあまり知られていないが、桓武天皇は平安京に移る直前の延暦《えんりゃく》三年（七八四）、山城国乙訓郡《やましろのくにおとくに》（京都府向日市《むこう》、長岡京市《ながおかきょう》、京都市）に長岡京を造営していた。ところが、造営は途中で中断され、新たに平安京の造営がはじまったのだった。理由は簡単なことで、「祟り」が発生したためだった。しかも、今回は井上内親王の時にもまして、深刻な問題だった。

延暦四年、事件は起きた。長岡京造営の責任者・藤原種継《ふじわらのたねつぐ》が何者かによって殺されてしまったのだ。犯人はすぐに捕まった。桓武天皇の弟で皇太子の早良親王《さわらしんのう》、さらに、早良親王を推していた大伴家持《おおとものやかもち》である。

早良親王は廃太子《はいたいし》となり、淡路《あわじ》に流刑となる。ところが、さらに深刻な事態が出来《しゅったい》した。というのも、早良親王は淡路に流される途次、抗議の断食をして亡くなってしまったからだ。

このいきさつから考えて、一連の事件は、桓武天皇の側が仕掛けた陰謀だった可能性がある。正確に言うと、桓武天皇を推していた藤原氏が、大伴家持の息のかかった早良親王の即位を嫌ったということではなかったか。少なくとも、早良親王を追いつめた側は、相当後ろめたい気持ちがあったのだろう。桓武天皇の周辺で異変が起きると、早良親王の祟りに違いないと、過敏すぎるほどに反応していったのである。

まず朝廷は、早良親王に「崇道《すどう》天皇」と追諡《ついし》し、丁重に祀りあげた。

こうして長岡京は呪《のろ》われた都になってしまった。せっかく祟る平城京から逃れられると思った矢先の事件である。桓武天皇の決断は早かった。長岡京を捨て、平安京の造営をすぐに立案したのである。

こうして見てくれれば、桓武天皇が平城京と長岡京から逃れた理由は、ほぼ同一だったのではないかと思えてくる。ところが、新たな平安京も、やがて魑魅魍魎《ちみもうりょう》が跋扈《ばっこ》する都になってしまうのだ。それはむしろ当然のことで、藤原氏が「他者との共存」を拒み続けたのだから、藤原の住むところは、どこもかしこも祟る都になっていったのである。

桓武天皇が平城京を捨てた理由

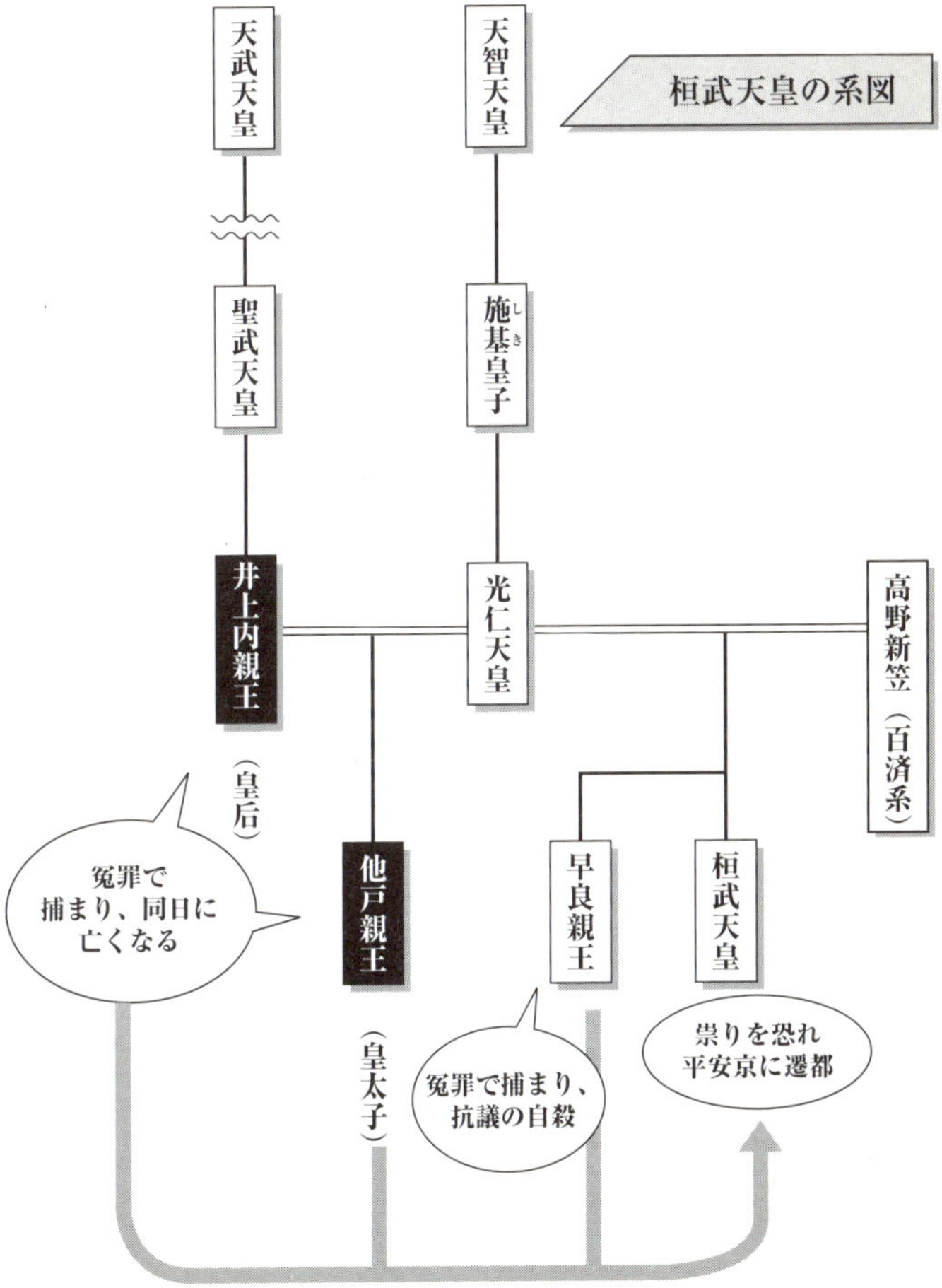

58

藤原に破壊された神道はその後どこかに生き残ったのだろうか

◆日本人の本当の信仰はどこに消えたのか

日本人の信仰は何かと聞かれれば、多くの人は「神道《しんとう》」と答えるだろう。しかし、それはちょっと違うようなのだ。

そもそも、『日本書紀《にほんしょき》』のなかで「神道」という言葉は、「仏教」との比較の場面で使われていて、しかも中国の文献から引用した二文字なのだから、八世紀の段階でも「神道」という言葉が一般に使われていたかどうか、じつに心許《こころもと》ない。

「神道」という呼び名の信仰があったかどうかは別にして、それでは、われわれが「神道」と聞いて思い描くような信仰形態が、古代には存在したのだろうか。

すでに触れたように、三世紀のヤマト建国に際し、各地でてんでばらばらに執り行われていた祭祀《さいし》の様式をひとつにまとめ、その頂点にヤマトの大王《おおきみ》が立つという、宗教観の調整が行われた。目に見える形で分かるのが前方後円墳《ぜんぽうこうえんふん》で、このような動きが「神道」の原形と呼んでもいいかもしれない。もちろん、これら原始的な神道を支えていたのは、物《もの》部氏《のべ》や蘇我《そが》氏といった旧豪族だったはずだ。

その証拠に、物部氏の「物」は、「鬼・神」の「モノ」で、物部系の伝承『先代旧事本紀《せんだいくじほんぎ》』には、彼らが大嘗祭《だいじょうさい》や即位儀礼に特別な働きをしていたことが記録されている。また、蘇我氏も、縄文時代以来日本人固有の神宝であった「ヒスイ」を大切に守り続けていたのである。

だが、この三世紀のヤマト朝廷が築いた「神道」は、八世紀の段階で破壊されていた可能性が高いのである。

「ヒスイ」の話が出たので続けると、蘇我氏は七世紀から八世紀にかけて、藤原氏の台頭によって没落するが、蘇我氏の滅亡と「ヒスイ」の消滅は、同時だった。この事実はじつに大きなヒントをわれわれに与えている。

八世紀に台頭した藤原氏は、中臣鎌足《なかとみのかまたり》から出ていて、その「中臣」は、神道祭祀に関わりの深い氏族だったから、仏教推進派の蘇我氏の手から、藤原氏が「神道」を守り通したという印象が、どこかにある。

だがここに、藤原氏の巧みな「嘘」が隠されている。

私見が正しければ、中臣鎌足は百済《くだら》王子豊璋《ほうしょう》と同一人物であり、神道祭祀に関わりが深かった「中臣」の家にうまく潜り込んだということだろう（養子、婿入り、買収その他あらゆる手段が考えられる）。だから、彼らには「何がなんでもヤマトの伝統を守りたい」などという意識は、これっぽっちもなかっただろう。蘇我と中臣の立場は、巧みに逆転してしまっている。

◆日本人の本当の信仰は修験道《しゅげんどう》が継承した

これもすでに触れたように、八世紀に成立した正史『日本書紀』のなかで、本来は男性であったはずの太陽神は、持統《じとう》天皇をモデルにした女神にすり替えられてしまっていた。神道祭祀のもっとも重要な一族であった物部氏も、藤原不比等《ふじわらのふひと》の裏切りで、没落していった。

『日本書紀』のなかで、神と同意語だった「モノ」は、「邪悪な鬼」の意味となった。かつて神に近く侍《はべ》った人びとは、藤原に疎《うと》まれ、野に下り、「鬼」のレッテルを貼られていったのだった。

では、彼ら「鬼」どもは、その後消えてしまったのだろうか。

ここで注目されるのが、ちょうど藤原氏の勃興と重なるように、ヤマトの葛城《かつらぎ》や吉野で、修験道が生まれたことなのである。

修験道といえば、神道のみならず、仏教や道教など、ありとあらゆる宗教観を取り込んだ代物だから、とてもではないが日本的な信仰とはいえない、という考えが普通であろう。しかし、あらゆる場所に神がいる、というのが日本的で多神教的な発想であるならば、海のあちらから新しい神がやってきて、それを取り入れることに抵抗がないというその姿勢こそ、多神教的で日本的な信仰形態であったことに気づかされる。

修験道の霊場として栄えた高尾山・薬王院

つまりこういうことだ。八世紀に藤原に追われ野に下った人たちは、本来もっとも神聖な人びとだったのだ。ところが、藤原の創作した信仰こそが「正式な神道」になってしまったのだから、反藤原派の信仰は、修験道となって、地下に潜っていったと考えられる。その証拠に、修験道は民衆の支持を集め、近世、現代に至るまで、知らず知らずのうちに、われわれの生活、文化に、多大な影響を与えているのである。

おわりに

多神教国家は、一神教の国家と比べると、じつに頼りなく見える。

たとえば幕末、ペリーの黒船は、多神教を絵に描いたような幕藩《ばくはん》体制（徳川幕府が各藩を支配しているのではなく、それぞれの藩が独立国家のようだった）を揺さぶった。「正義（独善でもあるが）」を振りかざすアメリカの外交姿勢に、明確な指針と強力な「火力（武器）」を持ちあわせなかった徳川幕府は、右往左往し、結局圧力に屈し、日本にとって不利となる条約を結ばされてしまった。

このときの屈辱感がバネになり、近代は始まったが、これが仇《あだ》となった。

最大の問題は、明治政府が「多神教であることを恥じた」ことだ。「日本の過去は野蛮」という考えが、近代から現代に至るまでの、日本のインテリ層の発想の根底に横たわっているのは、「黒船」と、昭和の敗戦があったからだ。

多神教世界が、一神教の脅威にさらされると、あっという間に一神教的世界に豹変《ひょうへん》するという好例が、明治維新だったわけである。

だから、近代の天皇家は、キリスト教的で一神教的な「強い父」のシンボルに持ち上げられ、そのために、『日本書紀《にほんしょき》』に描かれた神武東征《じんむとうせい》は、壮大な征服劇に書き直されたということになる。

もちろん、帝国主義の時代、「国家が強くなければ、他の国家に食べられてしまう」のが常識で、「食べたもの勝ち」だったから、明治政府の選択を、簡単に非難することはできないだろう。しかし、多神教世界に一万年以上にわたって浸《つ》かってきたわれわれが、いったん一神教的な発想をもってしまったとき、どういう結果になるのか、その良き教訓を、われわれは得たのではあるまいか。

少なくとも、今日の中国や韓国のように、「とにもかくにも日本が悪かった。今でも日本が悪い」という単純で一神教的な正義を主張する者たちに対し、いかに「多神教的な発想の利点」を説いていけるかが、これからの日本の課題であり、また、世界に向けても、「多神教であることの意味」を発信していかなければならないであろう。

なお、今回の執筆にあたって、ＰＨＰ研究所ビジネス出版部の吉村健太郎氏、歴史作家の梅澤恵美子氏にお世話になりました。改めてお礼申し上げます。

二〇〇五年七月　　合掌　　関　裕二

著者紹介
関　裕二（せき　ゆうじ）
1959年、千葉県柏市生まれ。歴史作家。仏教美術に魅せられて足繁く奈良に通い、日本古代史を研究。古代をテーマにした書籍を意欲的に執筆している。
著書に『藤原氏の正体』（東京書籍）、『謎とき古代日本列島』（講談社）、『天武天皇　隠された正体』『封印された日本創世の真実』『検証　邪馬台国論争』（以上、ＫＫベストセラーズ）、『[図解]「古代史」秘められた謎と真相』『[図解]誰も教えてくれなかった「古代史」の真実』『出雲神話の真実』『天孫降臨の謎』『おとぎ話に隠された日本のはじまり』（以上、ＰＨＰ研究所）、『古代史の秘密を握る人たち』『消された王権・物部氏の謎』『大化の改新の謎』『壬申の乱の謎』（以上、ＰＨＰ文庫）などがある。

「古代史」封印された謎を解く
あまりに意外な「あの人物・あの事件」の真相とは？

2005年８月31日　第１版第１刷発行
2006年２月９日　第１版第４刷発行

著　者　関　裕二
発行者　江口克彦
発行所　ＰＨＰ研究所
東京本部　〒102-8331　千代田区三番町３番地10
ビジネス出版部　☎03-3239-6257（編集）
普及一部　☎03-3239-6233（販売）
京都本部　〒601-8411　京都市南区西九条北ノ内町11
PHP INTERFACE　http://www.php.co.jp/
組　版　朝日メディアインターナショナル株式会社
印刷所
製本所　共同印刷株式会社

ISBN4-569-64370-1